主 编 程爱民

U0783616

1

International Student Education and Management

国际学生教育管理研究

2020 年

上海外语教育出版社
外教社 SHANGHAI FOREIGN LANGUAGE EDUCATION PRESS

图书在版编目（CIP）数据

国际学生教育管理研究 1 / 程爱民主编.
—上海：上海外语教育出版社，2020
ISBN 978-7-5446-6556-8

Ⅰ.①国… Ⅱ.①程… Ⅲ.①留学教育－教育管理－研究－中国
Ⅳ.①G649.1

中国版本图书馆CIP数据核字（2020）第188453号

出版发行：**上海外语教育出版社**
　　　　　（上海外国语大学内）　邮编：200083
电　　话：021-65425300（总机）
电子邮箱：bookinfo@sflep.com.cn
网　　址：http://www.sflep.com
责任编辑：王　璐

印　　刷：上海市崇明县裕安印刷厂
开　　本：710×1000　1/16　印张11.5　字数236千字
版　　次：2020 年 10 月第 1 版　2020 年 10 月第 1 次印刷
印　　数：2 100 册

书　　号：ISBN 978-7-5446-6556-8
定　　价：36.00 元

本版图书如有印装质量问题, 可向本社调换
质量服务热线：4008-213-263　电子邮箱：editorial@sflep.com

序一

2020 年金秋时节，由中国高等教育学会外国留学生教育管理分会主办的《国际学生教育管理研究》与广大读者见面了。

回望来时路，筚路蓝缕，硕果累累。自 1950 年新中国建国之初接收第一批国际学生至今，国际学生教育与管理工作已经走过了七十载光辉历程。特别是自上世纪 70 年代改革开放以来，随着我国经济实力的增强、国际地位的上升、教育科研水平的提高，来华国际学生的规模和质量都得到了长足发展和显著提高。一大批在中国学成的国际学生成为其所在国各行各业的翘楚，并在为本国各项社会事业发展做出贡献的同时，也成为各自所在国与中国发展友好关系的桥梁与纽带。

国际学生教育是我国对外坚持改革开放的重要标志，是我国高等教育的重要组成部分，是践行构建"人类命运共同体"的重要载体。正因如此，国际学生教育的一举一动都愈益受到社会的广泛关注。自今年始，受全球疫情持续冲击的影响，国际学生教育在教学方式和管理模式上都面临许多新的挑战。如何从危机中育新机、于变局中开新局，以改革为方向、以发展为动向、以问题为导向、以质量为根本，构建一套符合新时期、新形势要求的"升级版"国际学生教育教学和管理模式，是我们的当务之急。

综观当今世界，全球疫情尚未见底，大国博弈未见转圜，深刻影响国际学生教育未来格局。百年变局、前所未有，挑战机遇、前所未有，《国际学生教育管理研究》于此时面世可谓生逢其时，为教育领域的专家学者、教师学生和管理人员提供了一个探讨专业理论、开展学术研究、阐述教学心得和分享管理经验的园地和平台。借助这个园地和平台，我们能够进一步加强和深化学术研究，在质量标准评估中记录历史，在管理现状调查中回答关切，在洞察发展趋势中引领思潮，在强化队伍建设中互助成长，在更新管理模式中启智聚力，在融通中外经验中凝聚共识，在促进人文交流中尽展风华，共同为国际学生教育发展贡献智慧与力量。

中国高等教育学会外国留学生教育管理分会理事长

刘京辉

2020 年 10 月

序二

2019 年 12 月 25 日，《国际学生教育管理研究》出版合作签约仪式在上海外语教育出版社举行。中国高等教育学会外国留学生教育管理分会理事长刘京辉、中国高等教育学会外国留学生教育管理分会秘书长李建民以及十多所兄弟高校的领导和专家出席了签约仪式。今天，喜闻《国际学生教育管理研究》即将与广大研究者、管理者和读者见面，请允许我代表上海外国语大学对中国高等教育学会外国留学生教育管理分会以及《国际学生教育管理研究》编辑部表示诚挚的祝贺！

在当今世界格局发生历史性变化的背景下，高等教育领域的国际合作重要性不断上升，它可以在一定程度上抵消国际政治、经贸领域的"脱钩"带来的负面影响，教育和科学领域的国际合作可以为加深国际理解、推动人类进步创造良好的社会基础。

近年来，在习近平总书记构建"人类命运共同体"、"一带一路"倡议的指导下，我国来华留学生在数量上和质量上都得到了飞速的发展，来华留学生教育已经成为国家教育事业不可或缺的重要组成部分，同时也有力推动了我国高等教育国际化进程。但是，这个过程中也暴露了国际学生教育管理中的不足，还需要更多学理性的探讨以及实证性的研究。大量留学生来到中国后，我们应该为他们提供什么样的课程，怎么样管理好他们，如何将他们培养成知华友华人士，如何构建国际学术共同体，如何使来华留学教育实现可持续的内涵式发展，如何将"留学中国"打造成闪亮的金字招牌等等，这些都是我们在实践中面临的问题，也是需要我们从理论上加以研究和探讨的热点和难点。为此，《国际学生教育管理研究》作为我国来华留学教育与管理科学专业的学术性书籍，是一个很好的学术争鸣与经验分享平台。

希望上海外语教育出版社始终坚持正确的出版导向，全力配合好中国高等教育学会外国留学生教育管理分会，为《国际学生教育管理研究》提供专业化的学术编辑出版服务工作，使其成为来华留学教育各单位党政干部、教育工作者、国际化企业管理层以及高校相关专业师生的交流平台和良师益友。

最后我再次代表学校衷心感谢中国高等教育学会外国留学生教育管理分会对上海

外语教育出版社的信任，感谢学会多年来对上海外国语大学留学生工作的大力支持。让我们共同努力，全力办好《国际学生教育管理研究》，发挥其在留学生教育管理研究领域的引领作用，力争办成该领域有相当水准和影响力的专业书籍。

姜　锋

上海外国语大学党委书记、研究员

2020 年 10 月

目　录

课程教学研究

调研报告

研究综述

会议综述

Contents

Theories and Practices of Studying in China

Cross-cultural Education and Communication of International Students

Current Situation and Development of International Student Education and Management

Convergence Management of Chinese and Foreign Students

Curriculum and Teaching Research

Survey Report

Research Review

Conference Briefings

新时期来华留学教育的使命、问题与发展理念研究

蔡 红*

摘要：本文研究了新时期来华留学教育在国家外交、高等教育国际化与教育开放、国际人才战略、国际贸易与经济发展、中外人文交流、高等教育改革创新、中国参与全球治理及构建人类命运共同体等七个方面承载的历史使命。在肯定来华留学教育历史所取得的成就的同时，指出来华留学教育事业发展存在着对来华留学事业历史使命认识不到位，留学赤字与留学贸易赤字较大，来华留学教育结构不合理，来华留学在教育、管理与服务等方面质量与能力不足，来华留学的外部支持环境不佳等五方面问题。本文提出，新时期发展来华留学教育事业应遵循协同发展、质量至上与规范发展、开放发展、公平发展等四大发展理念。

关键词： 新时期 来华留学 教育 使命 发展理念

Abstract： This article studies the historical mission of international student education in China in the new era in seven aspects, including political diplomacy, internationalization of higher education and open education, international talent strategy, international trade and economic development, Sino-foreign cultural exchanges, reform and innovation in higher education, China's participation in global governance and the construction of a community of shared future for mankind. While affirming the historical achievements of studying in China, this article points out that the development of international student education in China has five problems, including a lack of understanding of the historical mission, a large deficit in studying in China and a trade deficit in studying aboard. Some educational structures are unreasonable, the quality and ability of studying in China in education, management and service are insufficient, and the external support environment for studying in China is poor. This article proposes that the development of education for studying in China in the new era should follow four major development concepts, that is, coordinated development, quality first and standardized development, open development, and fair development.

Key Words： the new era, studying in China, education, mission, development concepts

---

* 蔡红，副教授，广东外语外贸大学留学生教育学院院长，硕士研究生导师，研究方向为高等教育管理、法学。

自 1950 年清华大学接收新中国第一批国际学生开始，新中国来华留学教育事业已经走过了七十年的发展历程。特别是改革开放以后，来华留学教育事业快速发展。自 1978 年 1 200 名国际学生来华留学，到 2018 年近 50 万的在华国际学生，来华留学教育在规模、水平、体系等方面不断发展，取得了显著成就，迄今已成为学科齐备、层次分明、模式多样、面向全球的现代化国际教育。（中国教育新闻网）今年是来华留学教育事业七十周年，也是教育部《留学中国计划》收官之年，厘清新时期来华留学教育的历史使命及面临的问题与挑战，明确新时期来华留学教育的发展理念，对来华留学教育事业下一个十年的开局至关重要。

一、 来华留学教育的使命

来华留学教育事业不断适应国家发展大势。随着党和国家在不同时期工作重心的变化，来华留学生教育的使命不断发展、日益丰富，具有鲜明的时代特色。特别是改革开放以来，新时期来华留学教育被赋予了更多的功能和内涵，政策目标由单纯的政治需要转向为服务国家外交、改革开放、经济建设、教育改革，来华留学管理也变得更加规范有序。（伍宸、宋永华 53）

（一） 在服务国家外交方面的使命

国际学生的招收与培养是各国之间友好交往的重要形式，也是各国重要的外交政策工具，历来在国际政治中扮演着重要角色。（陈强、文雯 29）服务国家外交是新中国来华留学教育的最初使命和传统使命，资助外国学生来华留学是我国进行对外教育援助的重要形式之一。（郝平）七十年来，来华留学教育通过培养大批知华友华国际人才，为营造和谐发展的国际环境做出了积极贡献。在新时期我国一带一路建设、参与全球治理、共建人类命运共同体的国际化战略大格局中，要继续夯实来华留学教育服务国家外交的传统使命，继续通过来华留学人才培养增进我国和世界各国之间的政策沟通、理解、对话与互信。

（二） 在高等教育国际化与教育对外开放方面的使命

高等教育国际化是经济全球化、社会信息化的必然要求，其中，吸引国际学生，特别是高层次国际学生是衡量一国高等教育国际化水平的国际通行标志之一。在 QS 世界大学排名和泰晤士高等教育世界大学排名（THE）的指标体系中，国际学生所占权重分别为 5% 和 2.5%。在西方发达国家，吸引国际学生是高等教育国际化的重要使命之一。在我国，来华留学教育在高等教育国际化、促进教育开放方面的使命是在改革开放、中国加入全球化进程、推行高等教育国际化的时代背景下孕育的理念和实践的产物，是建设与我国国际地位相匹配的世界教育大国、世界教育强国的必然要求。当前，来华留学教育已经成为我国高等教育国际化与新时期教育开放不可或缺的组成部分，是提升我国高等教育国际化水平的重要途径之一，其人数规模、学历层次、专业分布、教育质量是衡量我国高等教育国际化的质量与水平、衡量我国高等教育国际认可程度、衡量我国是否为世界教育强国的重要指标之一，对于增强国家的竞争软实力、提高中国高等教育的国际影响力意义重大。

（三） 在参与全球人才竞争方面的使命

国际学生一直被视为全球人才流动的重要形式之一，是重要的国际移民群体。无论是基于地缘政治的需要还是国家发展的需要，优秀的国际学生一直是各国，尤其是发达国家在全球范围内进行人才争夺的重要对象。随着我国全球战略由被动适应国际体系转向主动推动国际体系的完善与变革，来华留学教育在我国参与全球人才竞争和争夺全球人才战略至高点方面的使命日益突出，肩负着培养跨文化能力和知识技能水平强、知华友华、能服务中国全球战略的高素质战略性人才资源的重大使命。这一使命随着"一带一路"建设的推进与发展，随着我国全球贸易、投资与产业布局的形成与完善，随着我国在全球治理体系中分量的加重而日显迫切，其对于推动我国引进高端国际人才、优化外国人管理服务及国际移民制度改革也具有重要意义。

（四） 在促进国际服务贸易和国内经济增长方面的使命

许多发达国家早已将招收国际学生作为具有一定公益性的国际服务贸易的重要组成部分以及促进本国经济发展的重要手段，有些国家还将招收国际学生作为新兴经济领域加以重点扶持和规划部署。据统计，2011 年国际学生对澳大利亚的经济贡献达163 亿澳元，产生的经济效益超过了羊毛出口所带来的利润。（焦东雨）2013—2014 学年，国际学生的学费、住宿费以及其他消费为伦敦带来了约 29.9 亿英镑的收益。(London & Partners' strategy and Insight team) 2015—2016 学年，国际学生为美国创造了约 328 亿美元的收入，间接为美国提供了超过 40 万个工作岗位。 （NAFSA Analysis）在我国，来华留学教育从其诞生伊始就带有服务国家外交战略的政治目的。改革开放后，来华留学教育作为高等教育国际化的组成部分，追求的也是教育的社会效益。随着经济全球化的发展和中国崛起，自费来华学习的国际学生日益增加，来华留学教育的经济属性日益凸显。2018 年，中国政府奖学金生仅占来华留学生总数的12.81%，绝大多数国际学生是自费生。因此，来华留学教育也具产业性质。有研究表明，来华留学对我国经济增长有显著的空间溢出效应，留学生规模每扩大 1%，相邻省域的经济会增长 0.175 个百分点。（刘志民、杨洲 7）但与发达国家相比，当前我国来华留学教育服务贸易产业化及竞争力仍处于较低水平。与我国经济发展程度相比，留学规模尚未达到饱和状态，来华留学经济红利存在着巨大开发空间。（刘志民、杨洲 4）

（五） 在促进中外人文交流方面的使命

党的十八大以来，以习近平同志为核心的党中央高度重视中外人文交流。习近平总书记亲自主持中央全面深化改革领导小组会议，审议通过的《关于加强和改进中外人文交流工作的若干意见》是当前和今后一个时期中外人文交流最重要的顶层谋划。中外人文交流与战略互信、经贸合作共同成为中国对外关系的三大支柱。国之交在于民相亲，民相亲推动事有成。教育在实现民心相通，促进不同国家间人民的相互理解、相互信任、相互尊重，增进彼此间的友谊方面具有特殊优势。来华留学教育是直接增进我国人民与留学生所在国人民友谊、促进公共外交、搭建民心相通桥梁的重要渠道。来华留学生是促进各国人民相知相亲、实现不同文化间相互理解、提升国与国之间相互信任的重要媒介。来华留学教育在公共外交与中外人文交流中具有不可取代的优势。

（六） 在推动我国高等教育创新改革方面的使命

基于历史和现实原因，高校在来华留学生自主招生、奖学金制度、导师制、服务与管理、国际化的实习与就业、人才的国际联合培养、高等教育产业化发展等方面具有一定的自主空间。虽然在上述方面的实践中存在不足，但我们不能因噎废食，因其不完善而彻底否定来华留学教育。从更高立意和更广阔的全球视野和未来理念出发，立足国情落实高校办学自主权，有必要将来华留学教育作为我国探索建立面向世界的、具有中国特色的高等教育创新改革的试验区。以追求世界一流为目标，秉承教育、管理、服务效果最优化原则，通过优化与完善现行做法，凝练中国特色，推进来华留学教育、管理、服务制度与国际接轨，以此推动我国高校管理制度与国际接轨的创新与改革。

（七） 在我国参与高等教育全球治理、 构建人类命运共同体方面的使命

来华留学教育是构建人类命运共同体的现实抓手，是我国高等教育参与全球治理不可或缺的方面，是衡量我国高等教育全球治理能力的重要标尺，在实现各国人民之间民心相通、合作解决全人类共同面临的重大问题，构建人类命运共同体中具有重要作用。通过培养国际人才，来华留学教育向世界贡献中国高等教育的理念、规则、制度、标准、路径、手段等中国方案，向世界传播中国文化、展现中国影响力。完善来华留学教育治理能力是我国教育开放的应有之义，对于提升中国高等教育全球治理能力，提升中国在高等教育全球治理体系中的地位，为构建人类命运共同体贡献中国智慧具有重要意义。

来华留学教育快速发展是大国崛起的伴生现象。改革开放以前，来华留学教育历史使命相对单薄，主要在服务我国外交、对外援助、中外人文交流中发挥重要作用。改革开放以来，作为我国教育开放的重要部分，来华留学教育承载着培养具有中国情怀的国际人才的重任。作为国际服务贸易的组成部分，来华留学有利于促进我国国际贸易和本地经济发展。在我国高校建设双一流的过程中，来华留学教育还是中国高等教育改革创新的试验田。在实现中华民族伟大复兴中国梦的过程中，来华留学教育在

我国参与高等教育全球治理、构建人类命运共同体中同样发挥独特作用。在新时期，来华留学教育在中国的政治外交、高等教育国际化与教育开放、国际人才战略、国际贸易与国内经济发展、中外人文交流、高等教育改革创新、中国参与全球治理构建人类命运共同体等七个方面承载着多元历史使命，在国家建设和发展中发挥着独特且重要的作用。

二、 来华留学教育事业发展面临的问题与挑战

改革开放四十多年来，来华留学教育事业在数量和质量上都取得了飞跃发展，对我国国际战略、对外开放、高等教育国际化、中外人文交流等做出了巨大贡献。然而客观地看，当前来华留学教育事业仍然面临认识不够到位，结构不尽合理，人才培养能力及管理、服务水平有待提高，国内社会支持环境不成熟，国际竞争日趋激烈等问题与挑战。

（一） 对来华留学教育历史使命的认识有待进一步厘清

新时期来华留学教育承载着丰富的历史使命，具有多元功能。如何实现来华留学教育多元使命，使来华留学教育的效益最大化，是新时期来华留学教育事业面临的新挑战。当前，我国对来华留学教育事业具有多重使命的认识还不到位，特别是对新时期来华留学教育肩负的新使命的重要性认识不足，来华留学教育多重使命之间的关系尚未厘清，来华留学教育在国家开放大局中的重要性和发展思路有待进一步明确。对这些基础性重大问题的认识将直接影响来华留学教育具体工作的开展并影响来华留学教育工作的成效。

（二） 来华留学赤字、 来华留学贸易赤字有待进一步削减

近年来，来华留学生规模增长喜人。2018 年，共有来自 196 个国家和地区的 49.22 万名留学生在我国 31 个省、自治区、直辖市的 1 004 所高等院校、科研院所和其他教育机构学习、研修、培训。然而，来华留学赤字和来华留学贸易赤字有待进一步削减，这主要体现在以下三方面：

第一，来华留学生占中国在校大学生比例偏低。2016 年，在华攻读学位的留学生占中国在校大学生人数的 0.6%。同年，在美国、加拿大、澳大利亚接受高等教育的国际学生占本国高等教育学生总人数的比例分别为 5.3%、10% 和 18%。（OECD）来华留学生占中国在校大学生比例在世界范围内还处于较低水平。第二，来华留学人数与出国留学人数皆呈扩大趋势，但数量对比失衡。据统计，在华学习外国留学生人数从 2005 年的 12.3 万增加到 2017 年的 45.6 万，增长率达 315%；在海外学习的中国留学生人数从 2005 年的 44.5 万增加至 2017 年的 131.5 万，增长率达 200%；我国的留学赤字从 2005 年的 32.8 万人增加到 2017 年的 93.58 万人，留学赤字增长率达 185%。（张瑞冬 82）如果加上出国留学与来华留学学费的差异，我国留学教育服务贸易赤字

会更大。第三，来华留学生规模在全球留学市场占有率偏低，与教育强国目标差距较大。例如，2015年，中国赴海外留学的学生有126万人，约占世界国际留学生总数的25%；同年，来华留学生总数达39.76万人，约占世界国际留学生总数的8%。而美国2015年在美留学的留学生总数则为120万人，占世界国际留学生总数的24%；2014—2015学年美国出国留学生总数为32万人左右，占世界国际留学生总数的6%。（参考网）

数据表明，当前来华留学生规模、来华留学贸易总量与我国人口规模、高等教育规模、国民经济总规模、国际贸易总规模尚不匹配，与我国的国际地位及追求的高等教育强国目标还存在较大差距，中国高等教育的国际认可度有待提高，中国高等教育及其产业的国际竞争力有待加强。

（三） 来华留学教育结构有待进一步优化

首先，来华留学生生源国结构有待优化。2017年，来华留学生生源国中亚洲占59.94%，非洲15.18%，欧洲、北美洲和大洋洲合计不足25%。"一带一路"沿线的65个国家均有学生来华留学，人数占全部来华留学生的50.07%。来华留学生生源国前十名中除美国之外，其他九个国家均属于"一带一路"沿线国家；除美国、日本、韩国人均GDP超过中国外，其余八个国家均低于中国。[①] 一国GDP水平与其基础教育水平大致呈正相关性。来华留学生主要生源国在基础教育水平、知识体系、学习方法等方面与我国差距较大，国际学生来华后与我国高等教育衔接困难较大。对来华留学生的培养难度远远大于中国学生，这对来华留学教育的人才锻造能力提出更高要求。

其次，来华留学生学历结构有待优化。学历生比例是衡量一国高等教育国际学生认可度的重要尺度。从纵向看，来华留学的学历生增长较快，占比逐年提高。2016—2017年学历留学生占比为47.4%，2017年学历留学生占比49.38%，学历生人数超出非学历生人数趋势明显。但做横向比较的话，在华攻读学位的国际学历生数量仍落后于英、美、法、澳等传统留学强国；特别是在硕、博教育方面，中国高等教育的吸引力与传统留学强国的差距较为明显。

第三，来华留学生培养结构和地区分布有待优化。"一带一路"沿线国家是最重要的来华留学生来源地，也是来华留学发展最迅速的地区。"一带一路"沿线国家的基础设施、交通工程、区域政治秩序建设、人文交流和合作建设对人才有广泛需求。目前，来华留学生大多集中于沿海和经济发达地区，集中于国内顶尖研究型大学或部属、省属重点高校，以培养学术型人才为主，应用型本科院校和职业院校的来华留学生规模相对较小。[②] 与"一带一路"沿线国家领土接壤的西部、东北地区的来华留学事业发展

---

① 2017年，来华留学前十位的生源国依次为韩国、泰国、巴基斯坦、美国、印度、俄罗斯、日本、印度尼西亚、哈萨克斯坦和老挝。这10个国家来华留学生人数达238 899人，占全部来华留学生的48.84%。

② 2017年，在42所世界一流大学建设高校中，留学生人数占全部来华留学生的24.92%。北京、上海、江苏、浙江、广东等省市来华留学生人数占全部来华留学生的50.44%。从区域划分看，东部10省、市占全部来华留学生总数的64.49%，中部6省占8.71%，西部12省、市、自治区占16.75%，东北3省占10.04%。

相对滞后，难以满足"一带一路"建设需要的大量高素质应用型、职业性人才的需求。
（陈强、文雯 30—31）

（四） 高校来华留学教育、 管理与服务的质量有待进一步提高

2014 年起，中国成为世界第三大留学生接收国，但是，留学赤字、留学贸易赤字以及留学结构存在的上述问题表明，我国高等教育的国际竞争力还有待加强。比照新时期来华留学教育事业发展的需要，高等学校来华留学教育、管理和服务的质量都有待进一步提高。

在人才培养方面，我国高校缺乏将我国国际化战略、高校学科专业优势与国际学生国际化就业需求相结合的留学品牌和留学项目，人才培养特色与人才培养质量有待提高。有关国际学生的专业设置、人才培养方案、课程体系、教学方法、培养过程基本上是套用中国学生的方案，对国际学生来源的多样性、国际学生与中国学生入学起点的差异性、国际学生就业需求的特殊性重视不够，中外学生的人才培养标准有差别，但培养目标、培养过程、培养方法区分度不高，对国际学生的专业支持、学业辅导、心理辅导、跨文化人际交往辅导、就业指导不够，人才培养质量有待提高。

在学生管理方面，以人为本与依法依规管理相结合的国际学生管理理念没有得到充分体现。在实践中，还有待进一步探索如何减少让国际学生反感的命令服从式行政管理思维，发展既从严管理又不缺乏人文关怀的管理方式。在学生服务方面，我国高校对国际学生的服务大多体现中国"有朋自远方来不亦说乎"的文化传统，对来华留学教育具有的非公共产品的市场属性认识不足，以学生为中心、遵循契约规则的市场化服务理念有待加强。

（五） 发展来华留学教育事业的社会支持环境有待进一步改善

一直以来，我国高校主要依赖自身资源投入对来华留学教育事业提供支持，高校承担的来华留学服务范围过大、负担过重，高校承担的留学服务因专业性不足而效果欠佳，难以聚焦高校在"教育"方面的专长发展留学事业。在高校之外，缺乏面向留学生的金融、住房、医疗、法律等专业性社会服务，社会支持力量不足，制约了来华留学教育事业的发展。在某些对外开放程度较低的地区，某些政策和管理要求也限制了来华留学生教育的发展。

在国内，民意对来华留学教育事业理解不够，政府与高校对来华留学教育事业的意义与作用常态化的有效宣传不够、对来华留学教育事业发展中出现的问题或引发的误解解决不及时、有效沟通不到位，来华留学工作容易引发舆情事件，发展来华留学教育事业的社会支持环境有待改善。

青年一代历来是各国人才争夺和国际政治博弈的焦点。"一带一路"沿线国家、非洲国家等来华留学主要生源国是美、英、日、澳、俄等大国及欧洲主要国家进行政治、经济、人才博弈并与中国竞争、遏制中国崛起的重要场所。外部反华势力鼓吹"中国威

胁论"，造成来华国际学生主要生源国部分官员和民众对中国和来华留学事业存有戒心和抵触情绪。

上述五大问题与挑战是来华留学教育事业发展过程中出现的次生现象，是任何事物发展过程中都会出现的正常现象。瑕不掩瑜，不能因为上述问题的存在而否定来华留学教育事业的历史功绩，而应通过解决上述问题继续推进来华留学教育事业的进步。厘清新时期来华留学教育事业应具备的发展理念对解决上述问题至关重要。

三、 新时期来华留学教育事业的发展理念

习近平总书记 2014 年 12 月对全国留学工作会议作出重要指示时强调，留学工作要适应国家发展大势和党和国家工作大局，统筹谋划出国留学和来华留学，综合运用国际国内两种资源，培养造就更多人才，努力开创留学工作新局面，为实现"两个一百年"奋斗目标、实现中华民族伟大复兴的中国梦不断作出新的更大的贡献。2016 年 4 月，中共中央办公厅、国务院办公提联合发布的《关于做好新时期教育对外开放工作的若干意见》提出，要加快留学事业发展，提高留学教育质量，争取到 2020 年，来华留学质量显著提高。2017 年 3 月 20 日，教育部、外交部、公安部联合发布了《学校招收和培养国际学生管理办法》，对规范大学招收、培养、管理国际学生的行为，做好日常管理工作提出规范要求。2018 年 9 月 3 日，教育部出台《来华留学生高等教育质量规范（试行）》为留学教育提供明确的质量规范和质量保障。2018 年 9 月 10 日，习近平总书记在全国教育大会上发表重要讲话时指出，要打造更具国际竞争力的留学教育。2019 年 2 月，《加快推进教育现代化实施方案（2018—2022 年）》指出，推进共建"一带一路"教育行动，加快培养高层次国际化人才，加强与共建"一带一路"国家教育合作，建设"一带一路"教育资源信息服务综合平台，深化与共建"一带一路"国家人文交流。国家领导人的重要讲话和中央政府的一系列规章、政策为新时期来华留学教育事业的发展指明了方向、提供了依据和保障。打造更具国际竞争力的留学教育是实现中华民族伟大复兴中国梦和构建人类命运共同体的重要抓手，也是新时期来华留学教育事业的总目标。内涵发展、质量提升、体系建构是新时期事业发展的重点，随着国际社会对中国综合国力及中国高等教育质量的认可度不断提升，由此带来的溢出效应和榜样效应，吸引着更多国际学生来中国学习。如何实现新时期国家来华留学事业的大政方针和既定目标，至关重要。

正当来华留学教育事业面临中国崛起的重大历史机遇之时，突如其来的新冠肺炎在全球蔓延导致了"去全球化"和"去中国化"趋势，这对来华留学教育事业带来前所未有的危机挑战。一方面，我们要按照习近平总书记指出的，面对严峻复杂的国际疫情和世界经济形势坚持底线思维，做好较长时间应对外部环境变化的思想准备和工作准备。另一方面，鉴于来华留学具有的多重历史使命，无论形势多严峻、现实多困难，推进留学中国的决心不动摇，来华留学教育问题研究不中断。在新时期，要认真贯彻协同发展、质量至上与规范发展、开放发展及公平发展理念积极推动来华留学事

业的发展。

（一） 协同发展理念

协同发展理念包括四个方面的协同。一是来华留学教育事业七大历史使命的协同。要全面认识、准确理解来华留学教育肩负的历史使命，进一步提高来华留学教育在国家对外开放大局、中国参与全球治理、构建人类命运共同体中的地位，将来华留学教育发展战略精准对接中国的国际战略、经济社会发展战略、高等教育国际化战略、全球人才战略，以来华留学七大使命中的教育使命为核心和载体，以提高来华留学教育质量为抓手，通过人才培养，协同发展来华留学的多重使命，切实增强来华留学教育的国际竞争力，实现来华留学事业效果最大化和最优化。

来华留学生的培养要依靠高校实现，来华留学教育多重历史使命的实现需以教育为载体。通过教育，为国家和企业的国际化战略输送人才；通过教育，向世界传播中国文化、推动民心相通、打造人类命运共同体；通过教育，创造经济收益、服务经济发展；通过教育，提升高校与国家的全球治理能力。打造具有国际竞争力的来华留学教育是实现来华留学多重历史使命的关键。

在协同七大使命的过程中，要明确相关政府部门在留学教育事业发展中的职责，加强政府部门间的政策与行动协调，减少影响事业发展的制度障碍。进一步明确各级政府、高校、企业在来华留学生教育发展中的职责和任务，建立有效协调机制。

二是世界一流与中国特色的协同。发展来华留学教育事业，要尊重来华留学教育天然具有的国际属性和中国烙印，处理好"世界一流"与"中国特色"的关系。要清醒认识到，我国所处的中国特色社会主义初级阶段的基本国情没有变，中国处于由世界教育追赶者向并跑者发展的过程没有变这一现实。以追求世界一流为目标，凸显中国特色为手段，强化来华留学教育国际化内涵式发展，缩短中国高等教育与世界教育强国的差距。

三是来华留学教育与来华留学教育产业的协同。发展来华留学教育事业，尊重来华留学教育具有的非公共性特征，推动教育与产业的结合、高校与企业的联合。遵循高等教育规律与教育产业规律，紧扣来华留学提质增效主题，以质量谋发展，适当引入市场机制，规范来华留学产业链条，合理扩大来华留学教育优质规模，建立专业化的留学生招生、学习、生活、文化体验、实践实习、就业指导体系，进一步完善住房、医疗、金融、保险、法律、餐饮、中国文化体验等与来华留学相关的服务行业，稳步提高来华留学教育及来华留学贸易的国际竞争力和来华留学生在国际市场的占有率。

四是来华留学教育全过程的协同。这个协同既包括从招生、培养、到实习实践及毕业后的就业、就业后的校友网络建设的协同，也包括高校的专业范围、教育类型、教育层次、教学理念、教学方法、教学质量与来华留学生管理、服务、学生活动的协同，以及高校与国内、国外留学支持系统的协同。

（二） 质量至上与规范发展理念

质量至上与规范发展理念是实现具有国际竞争力的新时期留学教育总目标的关键。来华留学教育面对全球市场、置身于全球教育竞争，其竞争力的关键是中国高等教育的质量和创新能力。提质增效、内涵式发展、夯实质量保障体系是新时期来华留学教育工作的重心，规范发展是质量至上能否实现的关键。我国已经形成较为系统的来华留学招生、教学、管理、服务和就业等方面的法规政策。在严格执行《学校招收和培养国际学生管理办法》和《来华留学生高等教育质量规范（试行）》的前提下，还有必要进一步完善新时期来华留学事业发展的顶层设计，建立完善留学生生源质量标准体系、培养过程质量保障体系、社会服务与国家安全保障体系，为来华留学教育发展提供制度保障。

2020 年是《留学中国计划》① 收官之年，该计划的既定目标已经基本实现。《留学中国计划》实行十年后的今天，中国的国际地位、教育规模和教育水平有了巨大提高，中国全方位发展的战略有了更高远的历史追求。为了迎接即将在 2021 年开启的新十年，有必要从现在开始谋划《留学中国计划（2021—2030）》，立足新时期我国的国际战略、经济社会发展战略、高等教育发展及其国际化战略、全球人才战略，为来华留学教育事业的发展确定新目标、提出新思路，采取新举措、促进新发展，切实解决事业发展中出现的新问题，提高高校国际学生培养能力，实现培养高校的多元化、均衡化。培育孵化有利于来华留学教育事业发展的支持环境，开创与我国国际地位、高等教育规模和水平相适应的来华留学工作新局面。地方教育主管部门应结合当地社会经济教育文化发展目标和实际，高等学校应该结合自身办学特色和学术资源优势，制定本地区、本校在新时期来华留学教育发展纲要或发展计划，打造具有地方特色和高校专业特色的留学品牌，明确其来华留学教育事业在新十年的总体目标、阶段性目标、步骤、方法和保障措施，优化来华留学教育的人才培养模式，把控人才培养质量，提高人才培养能力的国际竞争力。

（三） 开放发展理念

遵循开放理念推动来华留学教育事业发展是中国作为世界文明古国和当代世界大国文化自信的表现。为此，来华留学教育工作要尊重来华留学生群体天然具有的国际性与多样性，遵循开放发展理念，从历史视野、全球视野、未来视野出发，建立开放、融合、规范的留学生管理机制。通过在华留学生这一载体，推动世界与中国的双向互

① 2010 年 9 月，为落实《国家中长期教育改革和发展规划纲要（2010—2020 年）》，加强中外教育交流与合作，推动来华留学事业持续健康发展，提高我国教育国际化水平，教育部颁布了《留学中国计划》。《留学中国计划》对来华留学的发展目标、主要任务、指导思想、工作方法、发展思路、政策保障、管理体制、工作机制、宣传推介、招生录取、培养模式、专业课程、师资建设、质量保障、教育管理、管理队伍、生活服务、社会实践、奖学金体系建设、毕业生联系等工作作出全面规划，并制定了《留学中国计划分项目工作进程规划表》。

动、平等交融、相互尊重、文明互鉴。一方面，用世界语言讲好中国故事，做好来华留学生的人心工程；另一方面，用中国语言讲好世界故事，改善来华留学教育的国内支持环境，争取民意的理解与支持。

从开放发展理念出发，要进一步加强来华留学教育的国际合作，中外伙伴共建教育开放大格局。从政府和高校层面，积极推动中外高等教育质量标准、质量保障措施、实施路径等方面的理解、接纳与趋同，提升基于学分转化的高等教育系统及质量保障的包容性和可比性。（胡瑞、余赛程 72）推动国际学生的中外联合培养，合作设计专业、课程，加强师资交流，开展远程教育，进行学生双校园或多校园联合培养，实现学位互授或联授。

从开放发展理念出发，要进一步落实高校办学自主权，有效驱动来华留学生培养方式的创新和培养效果的改善。将来华留学教育领域作为高校改革创新的试验区，允许在高校自主招生、奖学金制度、导师制、服务与管理、国际化的实习与就业、人才的国际联合培养、高等教育产业化发展方面探索一条新路。

（四）公平发展理念

公平发展理念指在国际学生与中国学生的待遇、标准问题上，要避免简单的形式平等，在尊重差异的前提下追求实质公平，分领域对留学生实行国民待遇与差别待遇。具体而言，体现在以下几方面：

在学业标准和管理规范上，国际学生应与中国学生趋同，不应因国际学生身份特殊而降低或放宽标准。同时，应允许培养方式与培养过程方面的差异，从国际学生的角度出发，帮助他们克服学业、文化融入、心理等方面面临的实际困难。

在意识形态教育问题上，中国学生与国际学生也应区别对待。高等学校应尊重国际学生的世界观、价值观，向国际学生提供充分体验中国的机会，从而了解中国、理解中国，但不刻意对国际学生进行意识形态渗透、输出中国模式，同时也要提高警惕，杜绝国际学生对中国学生的意识形态渗透及宗教渗透。

总之，我国应当充分认识到来华留学教育事业肩负的历史使命和伟大的历史意义，正确认识来华留学教育事业发展中存在的问题，理清思路、妥善应对，用协同发展、质量至上与规范发展、开放发展、公平发展理念推动来华留学教育事业的新发展。让来华留学教育事业在构建人类命运共同体、实现中华民族伟大复兴的进程中发挥更大作用。

参考文献

1 参考网："留学大数据：《中国留学发展报告（2016）》"，https://www.fx361.com/page/2017/0331/1394383.shtml。

2 陈强、文雯："'一带一路'倡议下来华留学生教育：使命、挑战与对策"，《高校教育管理》，2019 年第 3 期，第 28—33 页。

3 胡瑞、余赛程："'一带一路'沿线国家来华留学生教育结构评价与发展策略",河北师范大学学报（教育科学版），2018 年第 5 期，第 68—73 页。

4 郝平："认真总结教育援外工作经验 科学谋划教育援外事业发展——在教育部第八次对发展中国家教育援外工作会议暨'中非高校 20＋20 合作计划'启动仪式上的讲话",《世界教育信息》，2010 年第 6 期，第 10—11 页。

5 焦东雨："留学报告发布：学费那么便宜，在华留学生为何还是如此之少?"，https：//www.thepaper.cn/newsDe-tail_forward_1287208。

6 刘志民、杨洲："一带一路"沿线国家来华留学生对我国经济增长的空间溢出效应，《高校教育管理》，2018 年第 2 期，第 1—9 页。

7 伍宸、宋永华："改革开放 40 年来我国高等教育国际化发展的变迁与展望"，《中国高教研究》，2018 年第 12 期，第 53—58 页。

8 张瑞冬："当前我国高等教育留学服务贸易发展的新动向、新问题"，《对外经贸实务》，2018 年第 5 期，第 81—84 页。

9 中国教育新闻网："打造更具国际竞争力的来华留学教育"，https：//m.jyb.cn/rmtzcg/xwy/wzxw/201908/t20190815_253294.html。

10 London & Partners' Strategy and Insight team. "The Economic Impact of London's International Students." 2015：14.

11 OECD. *Education at a Glance: OECD Indicators*. Paris：OECD Publishing，2016.

12 NAFSA Analysis. "The Economic Benefits of International Student Enrollment to The United States — A Ten-Year Trend." https://www.nafsa.org/policy-and-advocacy/policy-resources/nafsa-international-student-economic-value-tool-v2.

来华留学事业发展的政策导引和制度保障

周　波　佐　斌*

摘要：改革开放四十多年来，我国来华留学工作的发展离不开国家方针政策的引导。进入新时代，来华留学工作正式进入了"提质增效"的阶段。来华留学要"扩大规模与提高质量并重"，才能更好地服务于国家需求。本文集中梳理了 2000 年以来我国政府出台的来华留学相关政策、文件，特别就 2017—2018 年出台的几份重要文件在提高质量、规范管理、加强服务等方面进行了解读，强调国家政策指引来华留学工作的重要性。

关键词：来华留学　政策解读　提质增效

Abstract：In more than 40 years of reform and opening-up, the development of international student education（ISE）in China can not be separated from the guidance of national policies. In the New Era, ISE shifts its focus from sheer quantity to both quantity and quality，which would better serve the nation. This article sorts out the main documents about ISE by Chinese central government since 2000. It makes an overall review and deep analysis of the documents of the years 2017 and 2018 from the perspective of quality improvement, management regulation and orientation towards service. These public policies fully guide and effectively guarantee the quality of ISE in China.

Key Words：international student education, policies explaination, quality and efficiency improvement

　　改革开放以来，我国来华留学事业快速发展并取得了巨大成就，这得益于我国来华留学政策的正确引导和有效管理。2016 年 4 月，中共中央办公厅、国务院办公厅发布了《关于做好新时期教育对外开放工作的若干意见》（以下简称《若干意见》，同年 7 月，教育部印发了《推进共建"一带一路"教育行动》（以下简称《教育行动》）。这两个重要文件确立了我国来华留学生教育事业近中期发展的方向和路径。2017 年 3 月，教育部、外交部和公安部联合签发了《学校招收和培养国际学生管理办法》（以下简称"42 号令"），2018 年 9 月教育部出台《来华留学生高等教育质量规范（试行）》（以

---

* 　周波，华中师范大学国际处副处长。
　　佐斌，华中师范大学国际文化交流学院院长、教授，博士生导师。

下简称《质量规范》），为今后我国来华留学教育规范管理和质量保障奠定了基础，将长期指导我国新时代来华留学事业的发展。

一、 国家方针政策为来华留学事业发展导航

（一） 改革开放为来华留学打开国门

1973 到 1977 年，我国共接收了来自 69 个国家的 2 066 名外国留学生，主要以公费生为主。这一时期对来华留学生采取学习上适当照顾、管理上高度集中的外事管理模式，这是我国来华留学的探索和尝试，为我国后来的来华留学教育的发展提供了有益的借鉴和经验（中国高等教育学会外国留学生教育管理分会 4）。

改革开放后，我国来华留学生管理权逐步下放，自费生人数增长迅速。1979 年，我国颁布了《外国留学生工作条例》，正式提出了外国自费留学生的入学标准、接收类别和学制，为引导自费生来华留学做出了重要贡献。1985 年、1986 年和 1989 年国家先后修订了《外国留学生管理办法》等相关规定，来华留学生的管理日趋完善，我国来华留学教育规模迅速发展，自费生成为来华留学生的主流。

（二） 新世纪出台重大政策促进来华留学大发展

经过近 20 年的探索和经验积累，为适应来华留学新形势的需要，2000 年教育部、外交部、公安部发布了《高等学校接受外国留学生管理规定》（以下简称"9 号令"），为高校的留学生招生和管理工作提供了参考坐标，赋予高校更大的自主招生权，为留学生管理水平的提高与留学生事业的发展提供了有力的保障。

2003 年教育部首次明确提出了"扩大规模，提高层次，保证质量，规范管理"的来华留学教育方针，来华留学实现了跨越式发展。2010 年 6 月中共中央政治局审议并通过了《国家中长期教育改革和发展规划纲要（2010—2020 年）》（以下简称《规划纲要》），《规划纲要》要求我国"进一步扩大外国留学生规模，增加中国政府奖学金数量，重点资助发展中国家学生，优化来华留学人员结构。实施来华留学预备教育，增加高等学校外语授课的学科专业，不断提高来华留学教育质量"。

为贯彻落实《规划纲要》，教育部 2010 年 9 月颁布了《留学中国计划》，将来华留学教育工作方针修订为"扩大规模，优化结构，规范管理，保证质量"，并确立了今后十年来华留学教育发展的战略目标。《规划纲要》与《留学中国计划》文件的出台，有力地提升了我国教育对外开放和国际化水平。

（三） 来华留学事业发展进入"提质增效" 新阶段

2014 年全国留学工作会议指出，留学事业是我国改革开放事业的重要组成部分，要进一步完善来华留学管理服务，提质增效。来华留学工作"提质增效"全面提上日程。（新华网）2017 年 3 月 20 日，教育部、外交部、公安部联合印发了 42 号令，这是

我国在新的历史时期对 9 号令的修订与完善，是学校开展来华留学生教育和管理行为的根本依据，仅次于法律、法规，高于规范性文件，对指导新时期全国来华留学事业发展和规范高校来华留学工作具有重要意义。42 号令的出台，标志着我国来华留学教育进入了"提质增效"的新阶段。我国要从留学大国向留学强国转变，转变的路径就是提质增效。（新华网）在以"提质增效"为核心的战略转型关键时期，要坚持质量为先、规范管理、提升服务意识和水平，促进来华留学内涵式发展。

继 42 号令后，2018 年，教育部下发《来华留学生高等教育质量规范（试行）》（以下简称《质量规范》），在来华留学生招生、教学、管理、毕业、监督等各个方面建立了严格的标准，为提高我国来华留学生培养质量奠定了基础。为进一步规范中国政府奖学金生的管理工作，2020 年年初，教育部在 42 号令和《质量规范》的基础上制定了《中国政府奖学金工作管理办法》，对奖学金的申请、奖学金生的录取和管理都做了详细的要求。

二、 扩大规模与提高质量并重， 不断完善来华留学政策规章

（一） 扩大规模与提高质量并重

2016 年全国留学工作会议上，国务院副总理刘延东要求来华留学工作中坚持"扩大规模和提高质量并重"的方针。她指出，在新的发展阶段，来华留学的质量和管理问题频频出现。我们要从"规模发展促质量"转变到"质量提升促规模"的发展思路，各高校留学生教育要从依赖自然优势的粗放式发展模式转型到以质量谋发展，以品牌求生存的精细化发展模式。不断完善留学生教育质量监控和评估体系，增强特色，不断提高办学质量。推动来华留学事业可持续发展，规模是基础，质量是关键。要打造"留学中国"品牌，建立健全的来华留学教育质量保障机制，建立起与我国国际地位相匹配，教育规模和水平相适应的来华留学管理与服务体系。

2016 年教育部出台《若干意见》，要求高校要重点"抓顶层设计，要以文件为指导，坚持因地制宜，完成各地各单位发展战略规划制定工作；抓提质增效，要在推进教育对外开放各项工作中把重心放到提质增效上来，通过开放做强中国教育、服务党和国家工作大局"。（新华网）2017 至 2018 年，我国来华留学生政策规章不断完善。2017 年我国出台了三份有关来华留学生的文件。除 42 号令外，国家人社部、外交部、教育部联合下发了《关于允许优秀外籍高校毕业生在华就业有关事项的通知》，迈出了优秀外国留学生在华合法工作的第一步。同年，教育部办公室和外交部办公厅联合下发的《关于严格规范来华留学招生和管理工作的通知》（以下简称《通知》）指出了当前来华留学工作在招生和管理中出现的问题，并在招生、教学、校内外管理等环节进行了规范。

2018 年，教育部和相关单位相继出台了另外三份文件。《质量规范》是一份对标文件，对来华留学生工作的各个方面和各个环节提出了明确要求，是"改进来华留学教

育工作，提高教育质量和管理服务水平"的"准绳"。(中华人民共和国教育部)《关于做好 2018/2019 学年中国政府奖学金来华留学生招生和管理工作的通知》对中国政府奖学金生的入学工作进行了具体的规范要求。《关于做好 2018—2019 学年中国政府奖学金生预科教育工作的意见》专门就如何提高预科生的培养质量提出了具体要求。

2017 年 42 号令和 2018 年《质量规范》两份重要文件的出台，都是对"扩大规模和提高质量并重""以质量求发展"和"抓顶层设计、抓提质增效"指导思想的具体细化。42 号令是提高来华留学质量、完善管理和服务、促进规模发展的现实需要，为了更好地服务于国家发展战略这一新形势，为了满足把我国建成"世界各国人民最向往的留学目的国"的这一新要求，是新时代来华留学工作的纲领性文件，是来华留学工作的指南。《质量规范》要求各高校根据此文件"制定本校层面的配套规范，完善来华留学质量保障体系，以质量促发展，以规范促管理，实现来华留学教育工作健康可持续发展"。

针对当前部分高校存在盲目扩招、门槛偏低、缺乏监管，"三非"问题突出等情况，《通知》要求各高校对照 42 号令，系统梳理并整改存在的问题，规范来华留学招生和管理工作。《关于做好 2018/2019 学年中国政府奖学金来华留学生招生和管理工作的通知》对奖学金生报名录取、新生报到、入学教育等工作进行了具体的规范；《关于做好 2018—2019 学年中国政府奖学金生预科教育工作的意见》是一份关于预科生培养的综合性文件，在培养目标、教学安排、师资建设、服务管理、结业考核等进行了具体要求，有效地保证了全国预科院校中预科生的教学和培养质量。

（二） 来华留学教育工作遵循的主要制度与法规

2000 年以来，为了适应各个阶段来华留学的形势需要，国家出台了不少关于来华留学的法律法规、通知和管理文件。

在规划方面，有 2010 年的教育部《留学中国计划》和《规划纲要》，2015 年的教育部、外交部、财政部、公安部、人力资源社会保障部《2015—2017 留学工作行动计划》，2016 年的教育部《教育行动》和《若干意见》。这些规划对来华留学工作的方向起着引领作用。

在来华留学综合性的管理文件方面，教育部、外交部、公安部分别于 2000 年和 2017 年联合下发 9 号令和 42 号令，这两份是来华留学工作的指导性和纲领性文件。

在涉及招生、教学、校内管理、奖学金生管理、医疗保险等方面，教育部及有关部门分别下发了《关于来华留学生保留学籍服兵役有关事宜的通知书》(2005)、《关于加强来华留学生安全工作的通知书》(2006)、《来华留学生医学本科教育（英语授课）质量控制标准暂行规定》(2007)、《高等学校要求外国留学生购买保险暂行规定》(2007)、《关于规范我高等学校接受外国留学生有关工作的通知》(2009)、《关于中国政府奖学金来华留学生综合医疗保险相关事宜的通知》(2011)、《关于完善中国政府奖学金资助体系和提高资助标准的通知》(2015)、《关于严格规范来华留学招生和管理工作的通知》(2017)、《关于允许优秀外籍高校毕业生在华就业有关事项的通知》(2017)、

《关于做好 2018—2019 学年中国政府奖学金生预科教育工作的意见》(2018)、《关于做好 2018/2019 学年中国政府奖学金来华留学生入学有关工作的通知》(2018)、《来华留学生高等教育质量规范（试行）》(2018)、《关于规范我高等学校接受国际学生有关工作的通知》(2020)、《中国政府奖学金工作管理办法》(2020) 等文件。这些文件对来华留学生工作的各个环节进行了规范，旨在加强管理服务、提高培养质量。

在社会管理和安全方面，国家有关部门分别下发了《中华人民共和国出境入境管理法》《中华人民共和国外国人入境出境管理条例》《中华人民共和国治安管理处罚法》《中华人民共和国境内外国人宗教活动管理规定实施细则》《在华外国人参加演出活动管理法》《外国人参加广播影视节目制作活动管理规定》等。这些文件对规范来华留学生的日常行为起到了十分重要的作用。

为了加强来华留学队伍建设和信息化管理，教育部分别于印发了《关于启用全国来华留学生管理信息系统的通知》(2004)、《关于普通高等学校外国留学生新生学籍和外国留学生学历证书电子注册的通知》(2007)、《关于进一步做好外国留学生学历证书管理和电子注册工作的通知》(2011)、《全国来华留学管理干部培训暂行办法》(2012)，对高校留学生管理进行业务指导。

（三） 依法依规， 强化来华留学教育管理

高校来华留学自主招生权的落实，促进了来华留学生的规模，但与此同时，部分高校出现了招生和管理不规范的情况，影响了我国来华留学事业的正常发展，对我国社会安全和稳定造成了一定隐患，来华留学招生、教学、管理等环节亟需规范。针对这一情况，教育部和相关管理部门及时出台政策和意见，对来华留学进行规范。

1. 规范招生管理， 规避招生风险，确保生源质量

教育部及时印发了《来华留学生医学本科教育（英语授课）质量控制标准暂行规定》，规范了我国来华留学生医学本科教育工作，规避了招生风险，提高了 MBBS（来华留学生本科教育项目）的教学质量，促进了来华医科留学生教育事业的健康发展。

42 号令强调严格招生管理，对留学生入学资格、经济保证、入学考试或考核、录取、转学、退学、收费退费等进行了明确规定。为配合落实 42 号令，教育部办公厅和外交部办公厅联合下发了《通知》，对各省级教育部门和高校提出要严把入学门槛，严格审核学生学术水平、语言能力和经济能力等，提出入学考试和考核，确保入学标准。《通知》对中介合作进行规范，要求高校不得委托或授权中介代替学校招生，杜绝中介用虚假信息欺诈学生。2018 年下发的《质量规范》对招生管理进行了更为详细的规定，明确提出本科、研究生各层次留学生的最低学历、入学语言能力要求，要求高校招生和录取要规范、公开、公平，采取规定合理的考试考核方式，招收和选拔具备学业能力和发展潜力、达到入学标准的学生来华学习。

2020 年 5 月教育部下发了《关于规范我高等学校接受国际学生有关工作的通知》，

重新对华裔学生进入我国本科阶段学习作出了"入外籍 4 年、2 年外籍国常住"作为招生必要条件的规定，（中华人民共和国教育部）在招生环节堵住"高考移民"的漏洞，确保招生公平、公正。

2. 严格教学管理，提高培养质量

42 号令第三章从教学计划、师资配备、课程安排、教学规范、学籍注册、毕业管理等方面对高校的留学生教学管理工作提出了要求。这些要求原则性和具体性相结合，从留学生的教学语言、学位论文撰写、教学实习和社会实践、学历学位电子注册与发放等方面提出了原则性的要求，对学位论文的写作、授课语言等教学管理环节提出了明确要求。42 号令还将汉语和中国概况列为所有接受学历教育的留学生的必修课。

《通知》第五条明确提出"加强学籍管理，加强在校生的考勤管理，对于考勤严重、长期不在校的学生，按照学校规定进行处理，加强对违法违纪记录者，行为异常者等人员的管理，及时掌握动态，保持密切关注"。这些规定全面、细致，相辅相成，组成一张质量保证网，对规范管理全国高校来华留学生教学，提高培养质量起到了保驾护航的作用，具有较强的指导意义。

3. 加强校内管理和社会管理，维护安全稳定

42 号令就高校留学生校内管理进行了指导，涉及留学生管理的归口统筹、建章立制、住宿条件、法规宣传、专职辅导员管理、文体活动及宗教、勤工助学等政策，特别规定留学生辅导员配备比例不得低于中国学生辅导员比例，加强对留学生的管理。要求学校尊重留学生的民族习俗、宗教信仰，但不提供宗教活动场所，不允许校内进行传教、宗教聚会等活动，以维护校园安全与稳定。在社会管理上，要求学校、公安机关、社会、学生监护人共同肩负起对留学生的相应管理责任，对危害公共安全的精神病、传染病的处理也做出了责、权规定，对留学生全员保险进行了规定，避免了高校陷入赔偿纠纷的被动局面。42 号令对校内管理和社会管理的有关条款是留学生管理的法理依据。

《通知》就加强居留、签证和宿舍管理提出了具体要求。对未报到或注册的学生要逐一核实名单上报。高校要严格校内住宿和留宿管理，加强对校外住宿留学生的管理，完善应急机制，突发事件应急预案要落实到位。各高校要确保"看好门，管好人"，消除安全稳定隐患。

三、政策引领和推进来华留学教育主动作为

2015 年，《若干意见》和《教育行动》明确了新时期来华留学工作的方向，来华留学教育承担着促进中外人文交流、促进民心相通的历史使命，来华留学政策的制定要确保提高留学教育质量，打造"留学中国"品牌，培养一批国际友好人士，为实现"两个一百年"奋斗目标、实现中华民族伟大复兴的中国梦不断做出新的更大的贡献。

《2015—2017留学工作行动计划》特别提出要加强来华青年杰出人才培养，完善来华留学高层次人才培养办法和机制，为我国经济"走出去"战略提供人脉资源。

（一）"一带一路"倡议推动来华留学热潮

《若干意见》提出实施"一带一路"教育行动，促进沿线国家教育合作。设立"丝绸之路"中国政府奖学金，每年资助1万名沿线国家新生来华学习或研修。《教育行动》提出，中国愿与沿线各国一道，增进教育合作交流的广度和深度，构建"一带一路"教育共同体。该计划已被列入"十三五规划纲要"我国要实施的100个重大项目中。《教育行动》明确要求来华留学要为"五通"提供人才支撑。

教育部十分重视吸引"一带一路"国家学生来华留学，"一带一路"教育行动发挥教育"四两拨千斤"的作用，达到了"人心相通"的目的。（宋婷婷）

（二）全面提升留学生综合素质培养

1. "感知中国"活动让留学生充分了解中国

为了提高留学生对中国社会的认识，增加他们对中国文化的了解，国家留学基金管理委员会开展了"感知中国"社会实践与文化体验活动，2015至2017年共组织1.6万余名来华留学生参加，取得了良好效果。2018年的"感知中国"活动被列入全国教育系统"奋进之笔"总体方案。

2. "留动中国"活动影响广泛

2014年起，教育部先后举办了三届"留动中国"在华留学生阳光运动文化之旅，对促进留学生了解中国的运动文化起到了积极作用。

3. "汉语桥"比赛成为文化品牌

每年孔子学院总部与国家汉办主办"汉语桥"中文比赛，目前已有一百多个国家上百万人参加。"汉语桥"中文比赛激发了各国青年学生学习汉语的积极性，扩大了汉语与中华文化在世界范围内的影响。

4. "中国概况"列为学历留学生必修课程

42号令规定汉语和中国概况作为高等学历留学生教育必修课。"中国概况"课程涉及内容广泛，涵盖经济、社会、地理、人文、政治、外交等各个领域，系统全面地向留学生介绍中国的基本情况，对提升来华留学生的综合素质提供了有力的保障。

总之，我国来华留学工作的发展离不开国家方针政策的引导和制度保障。这些政策和制度对于提高来华留学教育的质量和管理水平，推动来华留学实现内涵式发展，做强"留学中国"品牌具有深远意义。

参考文献

1 宋婷婷：《21 世纪以来来华留学生教育发展趋势研究》，硕士论文，云南大学，2018 年。

2 新华网："习近平：留学工作要适应国家发展大势"，2014 年 12 月 13 日，https://www.xinhuanet.com/politics/2014-12/13/c_1113631292.htm。

3 新华网："未来'教育红包'会有啥？教育部部长告诉你"，2017 年 10 月 22 日，https://www.xinhuanet.com//politics/19cpcnc/2017-10/22/c_129724679.htm。

4 新华网："教育对外开放进入新阶段"，2016 年 4 月 30 日，https://www.xinhuanet.com/politics/2016-04/30/c_128946891.htm。

5 中华人民共和国教育部："教育部关于规范我高等学校接受国际学生有关工作的通知（教外函〔2020〕12号）"，中华人民共和国教育部，2020 年 5 月 28 日，https://www.gov.cn/zhengce/zhengceku/2020-06/10/content_5518369.htm。

6 中华人民共和国教育部："教育部关于印发《来华留学生高等教育质量规范（试行）》的通知"，中华人民共和国教育部，2018 年 10 月 9 日，https://www.moe.gov.cn/srcsite/A20/moe_850/201810/t20181012_351302.html。

以"人类命运共同体"思想
指导来华留学教育定位[*]

杜修平　李思敏　张　宇^{**}

摘要：新时代的来华留学教育要服务于国家外交大局，因此我们应该用习近平新时代中国特色大国外交的指导思想——推动构建人类命运共同体来对此进行分析。新时代来华留学教育定位应以培养知华、友华的高素质人才为目标，为"构建人类命运共同体"培养合格人才，各高校应按照《高等教育法》、42号令、《来华留学生高等教育质量规范（试行）》等文件精神，自主开展留学生培养工作。

关键词：来华留学教育　人类命运共同体　42号令　来华留学生高等教育质量规范

Abstract：The education for international students in China in the new era should serve the overall situation of national diplomacy. It should be analyzed under the guiding ideology of Xi Jinping's thoughts on diplomacy with Chinese characteristics in the new era — promoting the construction of a community with a shared future of mankind. The orientation of the education for international students in China in the new era should be aimed at cultivating high-quality talents who understand China and befriend China. It should be committed to training qualified personnel for "building a community with a shared future of mankind". In accordance with the *Higher Education Law*, Decree No. 42, *Higher Education Quality Standards for International Students* and other documents, universities should carry out the training of international students independently.

Key Words：Education for international students in China, a community with a shared future of mankind, Decree No. 42, Higher Education Quality Standards for International Students

　　据教育部统计，2018年全国31个省（区、市）的1 004所高等院校共接收来自196个国家和地区的49万多名各类外国留学人员来华学习，比2017年增加了3 013人

---

* 本文系天津市哲学社会科学规划课题项目"基于来华预科教育实践和语料库的专门用途汉语教学研究"（项目批准号：TJZWWT16-020）。

** 杜修平，天津大学国际教育学院副院长、教授，研究方向为跨文化教育。
李思敏，天津大学国际教育学院跨文化教育专业硕士。
张宇，天津大学马克思主义学院副院长、教授，研究方向为思想政治教育。

（不含港、澳、台地区），接受学历教育的外国留学生总计 258 122 人，占来华生总数的 52.44%。（中华人民共和国教育部）然而，来华留学教育在近年获得空前发展机遇的同时，因为一些来华学生的不良行为，以及某些学校对留学生的过度照顾，引发了舆论关注。新时代，来华留学教育的使命和任务是什么？应该如何定位？是需要认真思考的问题。

来华留学教育作为高等教育的重要组成部分，是我国开展外交活动、推动高校教育国际化的重要推手。来华留学教育培养什么样的人、为谁培养人以及如何培养人，是高校教育工作面临的根本问题，需要有一个明确的答案。特别是关于"来华留学教育要为谁培养人"的问题，需要深入分析和思考。

一、培养什么样的人

习近平总书记要求，我们的教育要把培养德智体美劳全面发展的社会主义建设者和接班人作为根本任务。然而，来华留学教育作为外事工作的一部分，面向的教育对象不同，培养目标自然会有所差异，要做到内外有别。

从历史来看，新中国成立后，我国的教育国际交流是从与东欧人民民主国家交换留学生开始的。1950 年 11 月，罗马利亚、匈牙利、保加利亚三个国家的 15 名留学生来华，每个国家 5 名学生，这是我国接收的第一批留学生。（于富增、江波和朱小玉）党和国家领导人十分重视来华留学工作。周恩来总理亲自修订"学习上严格要求，认真帮助；政治上积极影响，不强加于人；生活上适当照顾，严肃管理"的来华留学生教育管理方针，一直指导着来华留学教育事业的发展。（陈强 58）

1962 年 7 月发布的《外国留学生工作试行条例（草案）》，对留学生的培养目标做出了规定，要求根据我国的教学计划或经双方商定的学习计划，结合留学生自身情况，培养他们成为能够基本掌握所学专业的基础理论、专业知识和实际技能，身体健康和对中国人民友好的人才。（于富增、江波和朱小玉）

2010 年，教育部为贯彻落实《国家中长期教育改革和发展规划纲要（2010—2020年）》，推动来华留学工作进一步发展，发布了《留学中国计划》。（中华人民共和国教育部）确定了到 2020 年，使我国成为亚洲最大的留学目的地国家，培养一大批知华、友华的高素质来华留学毕业生的发展目标。

2012 年，中共十八大报告提出"人类命运共同体"观念，以习近平总书记为核心的党中央从全球视野出发，科学分析、正确对待本国与他国和谐发展的重要问题，谋求全球范围内人类的共生共赢与和谐发展，在多场合深刻阐释了如何打造和迈进"人类命运共同体"。所谓"人类命运共同体"，指包括中国人民在内的全世界范围内所有胸怀美好愿望、期待和平发展、憧憬合作共赢、共谋共治安全的人们。（郭海龙、汪希）（董立人）

世界在变，教育也必须做出改变。联合国教科文组织建议现阶段要反思教育，重申人文主义教育方法，将教育视为"全球共同利益"。（联合国教科文组织）中国的高等教育不仅要为中国的建设和发展培养一流的人才，而且要致力于为世界培养优秀的国际人才，促进人类命运共同体的建设，推动全人类的文明发展和社会进步。由此可见，来华留学教育的目的就是要培养一大批知华、友华的高素质来华留学毕业生。这批学生在学期间，能为我国科技发展、人文交流提供智力资源；毕业后，在对华外交、对华商贸、对华文化交流、支持中国企业和资本"走出去"等方面能发挥重要的作用；在国际舞台上，能践行"人类命运共同体"理念，为世界和平与发展做出贡献。这实际上也间接为我国的社会主义事业建设做出了重要贡献。

二、为谁培养人

"培养什么样的人"和"为谁培养人"二者紧密相关，其中，"为谁培养人"起着主导作用。我们要培养德智体美劳全面发展的社会主义建设者和接班人，很明显，是要为社会主义事业、为党和国家培养人才。近些年，习近平总书记在给大学生的回信中，勉励高校学生要为实现"两个一百年"奋斗目标、实现中华民族伟大复兴的中国梦做出新的更大贡献。

来华留学教育是要为谁培养人才呢？我国的来华留学教育事业与新中国的建立几乎同步。新中国成立初期，百废待举，出于外交事业的需要，我国开始为东欧的友好国家培养人才。自50年代招收留学生伊始，来华留学教育就是由政府推动，为第三世界、为共产国际培养人才，承担国际义务。1962年7月发布的《外国留学生工作试行条例（草案）》规定，接受和培养外国留学生，是我国应尽的一项国际主义义务，也是促进我国同各国间文化交流、增进我国人民同各国人民之间友谊的一项重要工作。（于富增、江波和朱小玉）

改革开放以来，来华留学教育逐渐明确了高校承担管理来华留学生的主体责任，也开始了自费留学生的招生。近年来，来华留学教育一直在探索如何平衡规模与质量、奖学金与自费、短期利益和长期目标。新时代，来华留学教育，特别是中国政府奖学金生的教育仍强调要为国家外交大局服务。来华留学教育"为谁培养人"应该在新时代我国外交政策的指导思想下进行讨论。

2014年12月12日至13日，首届全国留学工作会议在北京召开，习近平总书记强调新形势下留学工作要适应国家发展大势和党和国家工作大局，统筹谋划出国留学和来华留学，综合运用国际国内两种资源，培养造就更多优秀人才，努力开创留学工作新局面。

推动构建人类命运共同体是习近平新时代中国特色社会主义思想的重要内容，是新时代中国特色大国外交的指导思想。来华留学教育的指导思想也应该是"推动构建人类命运共同体"，来华留学教育就是为"构建人类命运共同体"而培养人才。相较于美国、英国、澳大利亚、加拿大、新西兰等国家把教育作为产业，为了经济利益而大量招收外国留学生的做法，我们的定位更加崇高宏大，更具有生命力和持久性。如果没有为"人类命运共同体"培养人才的胸襟，留学教育就容易急功近利，因短视而受挫。

近70年的来华留学教育，我国为其他国家，特别是第三世界国家培养了大量高素质人才。这些人才在中外经贸往来、人文交流、国际事务中发挥着重要的作用，为推动"人类命运共同体"成为全球的共同目标做出了重要贡献。

如今，习近平总书记提出的"一带一路"倡议正成为我国参与全球开放合作、促进全球共同发展繁荣、推动构建人类命运共同体的"中国方案"。2016年4月，《关于做好新时期教育对外开放工作的若干意见》提出实施"一带一路"教育行动，促进沿线国家教育合作。加强教育互联互通、人才培养培训等工作，对接沿线各国发展需求，倡议沿线各国共同行动，实现合作共赢。教育部随之牵头制定了《推进共建"一带一路"教育行动》。

2018年，全国教育大会召开，对扩大教育开放提出了明确要求。中国将继续欢迎世界各国，特别是"一带一路"沿线国家优秀青年来华学习深造，为各国学生来华留学提供良好的学习与生活环境，推动文明交流互鉴和民心相通，为构建人类命运共同体做出更大贡献。

"一带一路"教育行动是推动"构建人类命运共同体"在教育维度上的中国方案。教育共同体是人类命运共同体在教育维度上的具化。当前来华留学教育需要聚力构建"一带一路"教育共同体。

三、 如何培养人

自大学诞生伊始，人才培养即是其核心使命。人的培养是一个复杂系统，涉及到多方面的影响因素。培养优秀人才一直是高校孜孜以求的目标。

2017年，中共中央、国务院印发的《关于加强和改进新形势下高校思想政治工作的意见》，强调高校肩负着人才培养、科学研究、社会服务、文化传承创新、国际交流合作的重要使命。这是"国际交流合作"作为大学又一新使命首次被提出，拓展了大学的内涵。来华留学教育是国际交流合作的重要组成部分，高校招收留学生即是肩负着人才培养、科学研究和国际交流合作的责任。当前特别是需要在以下方面下功夫。

（一） 立德树人

立德树人是高校育人工作的中心环节，对来华留学生来说，高校也要坚持立德树人的宗旨。在专业学习上，培养高素质毕业生是对来华留学生的学术要求。在品行培养方面，对留学生也要严格要求。留学生首先是学生，要遵守中国的法律法规、校纪校规，尊重他国的宗教信仰、风俗习惯。对违法犯纪的留学生要严肃处理，以正校风。2017年，教育部、外交部、公安部颁发了《学校招收和培养国际学生管理办法》（42号令），就是旨在规范学校招收、培养、管理国际学生的行为。

留学生教育，还需要开展丰富多彩的语言、文化实践活动，让他们了解中国、理解中国、热爱中国。从而自发的宣传中国，讲好中国故事，树立中国的优良形象，提高中国的国际影响力和文化软实力。

习近平总书记多次强调，今天的世界是各国共同组成的命运共同体，要推动教育合作，扩大互派留学生规模，促进各国学生增进相互了解、树立世界眼光，确立为人类和平与发展贡献智慧和力量的远大志向。

（二）　质量保障

2010 年，《留学中国计划》提出了"扩大规模、规范管理、优化机构、保证质量"的工作方针。2015 年，来华留学教育质量认证工作启动，中国教育国际交流协会承担了此项工作，制定了《高等学校来华留学质量认证工作办法》和《高等学校来华留学质量认证指标体系》，侧重对高校开展来华留学教育管理和服务质量的考评，取得了阶段性成果。2018 年，教育部发布的《来华留学生高等教育质量规范（试行）》，是首次专门针对来华留学教育制定的质量规范文件，是指导和规范高校开展来华留学教育的全国统一的基本准则，也是开展来华留学内部和外部质量保障活动的基本依据。

在新的历史时期，来华留学已经随着中国高等教育的发展进入了"提质增效"的发展阶段。高等学校是来华留学生教育质量的责任主体，应当在习近平新时代中国特色社会主义思想指导下，遵循法律法规，依据自身特点，制订各具特色的培养方案，并保障人才培养质量。

（三）　趋同管理

1984 年，第三次全国来华留学生工作会议上就提出了"对外国留学生应和中国学生一样严格执行教学管理制度"。现阶段，高等学校应当建立健全来华留学生教学管理制度，符合国家教育教学标准和相关规定，逐步实现中外学生教学管理的趋同。当前不少高校对研究生论文的送审、答辩制度，获得学位的基本条件等方面，中外学生已是同一标准。

不过，我们也应该看到，中外学生完全趋同，还存在现实困难。来华留学生因为生源质量、汉语基础、跨文化适应等方面的原因，在学习方面存在很多困难，我们有必要在学习和生活上给予适当帮助，帮助他们顺利度过来华初期的文化休克阶段。

四、结论

综上所述，新时代，来华留学教育定位应以培养知华、友华的高素质人才为培养目标，致力于为"构建人类命运共同体"培养合格人才，按照高等教育法、42 号令、质量规范等法规和文件精神，由高校自主开展留学生培养工作。

国际学生的流动规律总是从教育欠发达的国家向教育发达的国家流动，现阶段我国教育所处的国际地位，在争取高质量留学生生源时不占优势。但是我们不能因为来华留学生生源还不够好，而放弃来华留学教育。其实，教育发展和制造业发展历程有类似的地方。我国也是从工业化起步、低端制造业向高端制造不断发展，这是一个循序渐进的过程。我们相信来华留学教育，现在正处于中间爬坡阶段，只要我们坚持下去，在"人类命运共同体"思想指导下，不断地提高质量、优化结构，在保证来华留学教育质量和严格遵守法规校纪的前提下，现阶段也需要对留学生多一些宽容，积极克服消极因素，持续扩大学校的国际影响力，不久的将来，也会有众多中国高校雄居全球。

参考文献

1 陈强："改革开放 30 年来华留学研究生教育的回顾与思考"，《学位与研究生教育》，2008 年第 6 期，第 55—64 页。

2 郭海龙、汪希："习近平人类命运共同体思想的生成、价值和实现"，《邓小平研究》，2016 年第 3 期，第 40—46 页。

3 联合国教科文组织编：《反思教育：向"全球共同利益"的理念转变？》，北京：教育科学出版社，2017 年。

4 董立人："习近平'人类命运共同体'思想研究"，《学习论坛》，2016 年第 3 期，第 9—11 页。

5 于富增、江波和朱小玉：《教育国际交流与合作史》，海口：海南出版社，2001 年。

6 中华人民共和国教育部："2018 年来华留学统计"，2019 年 4 月 12 日，https://www.moe.gov.cn/jyb_xwfb/gzdt_gzdt/s5987/201904/t20190412_377692.html。

7 中华人民共和国教育部："教育部关于印发《留学中国计划》的通知"，2010 年 9 月 21 日，https://www.gov.cn/zwgk/2010-09/28/content_1711971.htm。

"三个功夫"助推来华留学实践与探索[*]

顾建政　刘孟男　梅文章[**]

摘要：哈尔滨工业大学作为教育部首批来华留学示范基地，秉承"规格严格、功夫到家"的校训精神，凝练和打造来华留学教育"三个功夫"（行业精英与专业学术功夫、工大情怀与中国语言文化功夫、国际视野与跨文化交际功夫）。在《学校招收和培养国际学生管理办法》（42号令）、《来华留学生高等教育质量规范（试行）》（50号文）等文件指导下，以"提升学院发展凝聚力，筑起来华留学事业梦，助推世界一流大学创建"为己任，积极开展来华留学实践与探索。重点塑造、培养来华留学生的"三个功夫"，提高培养质量和层次，提质增效，努力培养具有"哈工大规格"的"融通中国与世界"之才。

关键词：三个功夫　来华留学　提质增效　实践与探索

Abstract：Harbin Institute of Technology（HIT），as the first batch of demonstration bases for studying in China by the Ministry of Education，adheres to the spirit of the school motto of "being strict in qualifications，making every endeavor in study"，condenses and builds "Three Kung Fu" for studying in China（Embrace the pride of HIT，embodying Chinese culture；Academic excellence across industries，shaping the leaders of tomorrow；Dynamic global outlooks，crossing culture boundaries）. Under the guidance of The Administrative Measures for Recruiting and Training International Students（Order No. 42）and The Quality Standard for Higher Education of International Students（Trial Implementation）（No. 50 document），we actively carry out the practice and exploration of studying in China with the mission of "Enhancing the cohesion of the College's development，Building a dream of studying in China，and boosting the establishment of a world-class university". Focus on shaping and cultivating "Three Kung Fu" of international students in China，improving the quality and level of training，improving the quality and efficiency，and striving to cultivate "The Talents of Integrate China and The World" with "HIT specifications".

[*]　本文系中国高等教育学会外国留学生管理分会2016—2017来华留学教育科学研究课题资助项目（2016 - 17Y001）。

[**]　顾建政，哈尔滨工业大学国际教育学院院长、教授，研究方向为高等教育管理，教育国际交流与合作。
刘孟男，哈尔滨工业大学国际教育学院副院长，研究方向为高等教育管理，教育国际交流与合作。
梅文章，哈尔滨工业大学国际合作部对俄及独联体事务办公室主任，研究方向为高等教育管理，教育国际交流与合作。

Key Words：Three Kungfu，studying in China，improving Quality and Efficiency，practice and exploration

一、"三个功夫" 历史溯源

哈尔滨工业大学（以下简称"哈工大"）始建于 1920 年，最初是为中东铁路培养技术人才的学校，1951 年被确定为全国学习苏联高等教育办学模式的两所样板大学之一。20 世纪 50 年代，哈工大先后邀请 70 余位苏联专家来校工作，把学校扩建成建国后第一所本科五年制、研究生三年制、毕业生直接被授予工程师称号的理工科大学。受苏联高等教育经验影响，哈工大形成了"厚基础、强实践、严过程、求创新"的人才培养特色，要求每一位哈工大学生要始终秉持严谨、细致、务实的精神理念，不断夯实理论基础、历练独立解决工程实践问题的能力。1953 年，一批工农速成中学学员进入哈工大预科学习俄文，在基础课学习中遇到了严重困难，期末考试出现大量不及格现象。在一次座谈会上，有教师和学员代表提出：对工农速成中学学员是否可以考虑降低培养标准。时任校长李昌等领导同志做出了影响深远的政策抉择，明确提出"规格严格、功夫到家"这一指导原则。此后，"规格严格，功夫到家"这八个字成为每一代哈工大人认真思考、反复凝练、时刻铭记的重要使命。随着时代不断向前发展，它的引领作用不断凸显，影响范围不断扩大，精神内涵不断升华，最后这八个字水到渠成地演化为哈工大校训。（周玉）

"规格严格、功夫到家"是"哈工大精神"集中体现，浓缩了学校的办学理念、培养目标、发展规划等精髓，为学校赢得了"工程师的摇篮"之美誉，并造就了一代又一代的"哈工大八百壮士"，有力助推了"世界一流、中国特色、哈工大规格"百年强校的建设与发展。经过多年的实践与探索，学校结合教育部来华留学示范基地建设，凝练和总结了哈工大来华留学教育的"三个功夫"，即行业精英与专业学术功夫、工大情怀与中国语言文化功夫、国际视野与跨文化交际功夫。学校不断创新来华留学教育管理模式，提高来华留学生培养质量和层次，以"三个功夫"助推来华留学实践与探索。

二、"三个功夫" 塑造与培养模式构建

近五年来，哈工大来华留学工作发展迅速，来华留学生规模显著扩大，学历留学生人数稳步增长，层次不断提高（图 1）。2018 年，共有来自 128 个国家 3 566 名各类长短期留学生在校学习（2 048 名留学生来自"一带一路"沿线 42 个国家），其中学历留学生 1 746 名，硕博率 62%，提前 2 年实现《留学哈工大 2020》中预定的发展目标。

学校传承哈工大"规格严格、功夫到家"的校训文化，深入践行来华留学教育的"三个功夫"，明确来华留学生培养目标为"行业精英与专业学术、工大情怀与中国语言文化、国际视野与跨文化交际"，并一以贯之。学校主动对接国家"一带一路"教育

行动计划，不断深化"以我为主、突出特色、对俄引领、覆盖全球"的国际教育交流工作机制，俄罗斯来华留学高层次人才培养基地建设成效初显，来华留学管理与服务体系日趋规范和完善，"留学哈工大"品牌影响力日益扩大。

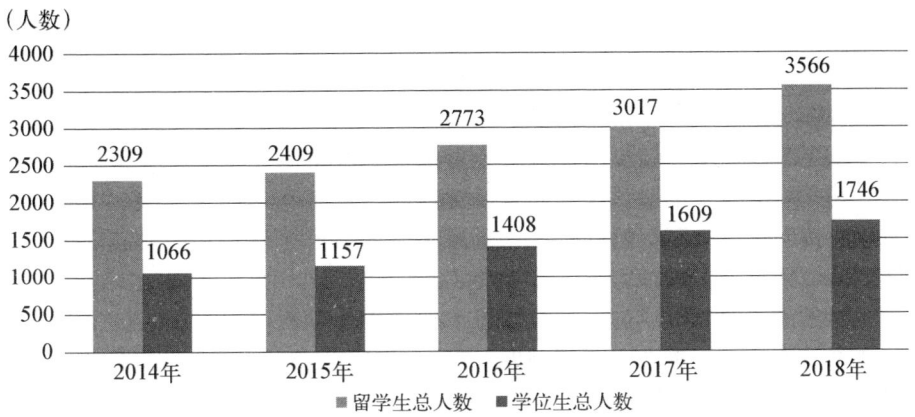

图1　2014—2018年哈尔滨工业大学来华留学生人数对比

《学校招收和培养国际学生管理办法》（42号令）和《来华留学生高等教育质量规范（试行）》（50号文）出台，标志着来华留学教育与教育对外开放一起，进入了"提质增效"的战略转型关键期。学校在培养来华留学生的过程中，重视加强国际学生辅导员的队伍建设，核准6名国际学生辅导员编制，并加大来华留学生管理队伍的培训力度，注重打造一支政治性、政策性和专业性高度统一的管理队伍。同时，不断提升管理水平和层次，不断提高新形势下来华留学生意识形态（宗教）管控工作的敏感度、辨别力和处理能力，切实维护和保证来华留学工作的安全稳定。学校还积极开展三方面工作，一是大力推进趋同化管理，"同标准、严要求"进行"行业精英与专业学术功夫"培养；二是坚持专业学习与中文、中国传统文化学习并重，强化语言预科教育，确保"工大情怀与中国语言文化功夫"到家；三是打造富有品牌和特色的"感知中国""感知龙江""感知哈尔滨""感知哈工大"等系列活动，加强中外学生互动，努力讲好中国故事，传播好中国声音，共同推进"人类命运共同体"，打造具有"国际视野与跨文化交际功夫"的哈工大。

（一）坚持质量为先，"同标准、严要求"，培养"行业精英与专业学术功夫"

众所周知，哈工大工科类专业实力雄厚，学校在2019年USNews世界工科大学排名中位居第6位。在学历留学生培养中，学校大力推进"趋同化"管理，坚持质量为先，采用"同标准、严要求"的培养模式，留学生与中国学生同堂上课、同样的考试标准和毕业条件等。不可避免的是，由于留学生入学基础、教育背景、国家整体教育水平等方面都不尽相同，跟不上课、"挂红灯"、厌学、退学等现象常有发生。为解决这一难题，学校根据多年学历留学生培养经验，总结出"羊群理论"，从招生、培养、毕（就）业三个环节入手，强化过程管理，建立学业预警、淘汰机制，既保证招生和毕（就）业环节质量，又强调培养环节的质量和效果，环环相扣，以确保"入栏数"（有质的量）、"存栏率"和"出栏数"（有量的质）。提质增效，切实解决来华留学工作可持续发展问题。

学校高度重视来华留学招生质量，在丰富生源国别的同时，注重优质生源的培育和优质生源基地的建设。学校通过俄罗斯高中校长论坛、韩国高中校长论坛、东盟高中校长论坛等各类活动，建立海外来华留学预科生源基地；通过拓展来华留学预科教育项目，建立俄罗斯来华留学预科教育基地；通过创新校企合作订单式培育模式，不断挖掘来华留学优质生源。特别是在博士留学生入学考核方面，长期坚持导师"网络面试"制度，并引入一般心理能力（General Mental Ability）测试，导师根据学生专业基础、学术潜力的考核成绩，最终确定录取结果。近期，学校拟出台相关政策，旨在进一步完善本科留学生入学考核制度，逐步提高入学测试的汉语水平要求，采取多项举措，既保证"入栏数"，又确保"入栏数"的质量。

学校高度重视加强与本科生院、研究生院及相关学历留学生培养学院的互动与联动，多措并举，多管齐下，强化来华留学生培养环节，确保"存栏率"。第一，根据《来华留学生高等教育质量规范（试行）》（50号文）的指导意见，进一步完善来华留学生的入学教育制度。在留学生入学之初，第一时间告知相关学业要求，并对其开展法制教育和安全教育，有计划、有针对性地在入学教育中增加新老留学生互动、师生互动，帮助来华留学生熟悉培养方案、教学要求和考核方式，掌握学习方法，了解学校各类教学设施和资源的使用，让留学生们能尽快适应哈工大的学习和生活。同时，开展"印象哈工大"系列活动，组织留学生在开学式上唱校歌、佩戴校徽，参观学校博物馆、航天馆，增强其归属感、荣誉感，激发其学习热情。第二，不断完善来华留学生专业培养方案，丰富来华留学生英文授课课程体系。不断强化来华留学生的课堂教学与教学实践，推动来华留学生专业实习基地建设。设立来华留学生专项基金，重点支持来华留学生参与创新创业实践，重点资助来华留学生参加高水平国际学术会议。第三，将来华留学生评优工作纳入学校大学工评优体系，充分发挥"品学兼优"留学生、留学生"学霸"的榜样引领作用。持续有效开展留学生"每月一星"活动，积极引导留学生，宣传留学生，影响留学生。第四，给予来华留学生教学辅导和学习支持，采取各种有效措施鼓励和引导中外学生开展教学互助，强化考勤，及时发现和干预来华留学生的学业困难情况，建立导师、中国学生"一对一"留学生帮扶制度，召开学习经验分享会，激发留学生学习潜能，提高留学生学能，杜绝各类负面学情发生。第五，成立来华留学生心理健康发展中心，对留学生在学业、生活方面遇到的困难，及时进行心理疏导和干预。加强培养过程各个环节管理，旨在提高培养质量，达到提质之目标。

学校高度重视来华留学生毕（就）业环节，严格来华留学生毕业论文要求和标准；

建立来华留学生创业导师机制，多次邀请知名公司管理人员到校讲学，举办"名企CEO午餐会"，给予留学生们创业就业等方面指导。同时，国际教育学院每年精心安排和组织来华留学生大型招聘会1—2次，小型国别或区域招聘会5—6次。近五年来，我校有百余名留学生供职于中兴、华为、中铁建、阿里巴巴、碧桂园等名企，受到用人单位的高度好评，并"反哺"来华留学招生工作。

经过多年来华留学实践，我校来华留学工作本着坚持质量为先的原则，规范过程管理，强化质量监控，逐步形成了"留学生主动学、中国学生帮着学、创业就业导向学"的良好局面，形成了招生—培养—毕（就）业环环相扣、相辅相成的良性循环。

（二） 坚持精准培养， 课堂教学与实践基地并重， 培养"工大情怀与中国语言文化功夫"

关于教学辅导和学习支持方面，《来华留学生高等教育质量规范（试行）》（50号文）指出，高等学校应当建立适应来华留学生学习特点的有效教学辅导体系，采取各种措施激励教职工开展来华留学生的教学辅导。学校高度重视来华留学生中文和中国传统文化教育，强化语言预科教育项目，深化对外汉语教学改革，创新基础汉语和专业汉语教学模式，并有针对性地加强专业汉语教学，使留学生在进入专业后能够"游刃有余"。同时，大力推进集成化语言文化实践项目进入课堂。所谓"集成化的语言文化实践"就是将学习层级不同、课程性质不同的汉语教学与目的语文化环境资源实行无缝对接，创设形式不同、内容各异的实践项目，并以特定的模式将不同的实践整合为有机统一体。（胡清国）具体来讲，国教院在教学过程中将"城市胡同文化考察""参观哈尔滨文庙""合拍新闻""汉语辩论会"以及留学生赴中小学、商店、医院等场所考察等语言文化实践项目明确纳入汉语课程教学计划及成绩考核，且汉语实践的成绩高于平时作业分值，保证留学生们对实践活动给予足够重视。同时，语言文化实践活动也是教师每学期教学工作总结的一项重要内容。将集成化语言文化实践项目纳入课程教学计划，有效地弥补了传统课堂教学不足，激发了留学生们对中国语言文化的学习兴趣，增进了留学生们对中国社会、文化的直观了解和认知，提升了留学生们的语言应用能力。依托学校来华留学生中国语言文化实践基地，坚持精准培养，实施课堂教学与实践活动互动，取得了良好的中国语言和文化教学效果。

（三） 坚持创新模式， 打造中外学生交流项目， 培养"国际视野与跨文化交际功夫"

为营造校园国际化氛围，提升学校的对外影响力，全面展现哈工大学生的精神风貌和进取精神，讲好来华留学生在校生活的"故事"，（李晓红、刘孟男和杨英）学校重点打造了"聚焦一带一路"——中国新发现英文暑校、"青年精英，未来领袖"中文暑期项目、"哈工大星"中外优秀学生夏令营、"留动哈工大"中外学生阳光趣味运动会、"世界手牵手"中外学生大型文艺晚会、"感知中国""感知龙江""感知哈尔滨"

"感知哈工大"来华留学博士生太阳岛论坛、国际文化嘉年华、来华留学生中国老工业基地行、来华留学生支教、"印象哈工大"1920中外学生创客吧、来华留学生工程创新实践基地、留学生咖啡角等中外学生交流项目，较好地履行了《来华留学生高等教育质量规范（试行）》提出的要求，不断促进来华留学生"跨文化交流功夫"到家，成为"国际视野""感知中国""融通中国和世界"之才。

在"三个功夫"培养目标的引领下，我校来华留学生规模不断扩大，层次不断提升，培养质量不断提高。发表多篇高质量的 SCI、EI 论文，获得多项国家专利的留学生不断涌现，多名毕业留学生进入大型知名企业并广受好评。有数量，才能有质量；有质量，才能出品牌；有品牌，才能有特色，才能更有吸引力；质量成为来华留学可持续发展的根本。（顾建政、刘孟男和吴晖晗）

三、"三个功夫" 塑造与培养成果

多年来，学校深入践行来华留学教育的"三个功夫"，规范管理、提质增效、不断推进来华留学工作的内涵发展，塑造并弘扬"留学哈工大"品牌。学校秉持《学校招收和培养国际学生管理办法》（42 号令）及《来华留学生高等教育质量规范（试行）》（50 号文）的核心要义，以"三个功夫"推动来华留学教育实践与探索，推动留学生培养质量和层次不断提升，留学生培养成果不断显现。

● 成为教育部首批（I 类）来华留学示范基地；通过教育部首批来华留学质量试点认证；获批 3 门教育部来华留学生英文授课精品课程；荣获 2016 年"留动中国"全国总冠军。

● 学历留学生发展迅速，五年近翻一番，"留学哈工大"品牌影响力不断扩大。2019 年共有来自 128 个国家 3 904 名各类长短期留学生在校学习（来自"一带一路"沿线 42 个国家 2 393 名留学生），其中学历留学生 1 926 名，硕博率 54.6%，来华留学生规模及层次再创历史新高。

● 俄罗斯来华留学高层次人才培养基地建设成效初显。学校突出对俄特色，结合国家教育部哈工大中俄人才交流与科研合作基地建设，整合中俄工科大学联盟（阿斯图）资源，加快哈工大-圣彼得堡大学中俄联合校园建设，反哺俄罗斯来华留学招生，助推俄罗斯来华留学高层次人才培养基地建设。2019 年来校学习的俄罗斯留学生达到 854 名，其中学历留学生 405 名，本科生 87 名，硕士研究生 254 名，博士研究生 64 名，硕博率 78.5%。

● 多国多名留学生荣获"中国政府优秀来华留学生"奖学金、荣获学校"优秀留学生"称号。2015 年至今，共有来自 7 个国家的 10 名博士生和 6 名本科生获得全国优秀来华留学生奖学金；共有来自 10 余个国家 30 余名留学生获得校级优秀留学生称号。

● 留学生首次获评学校优秀博士学位论文。巴基斯坦留学生那奇（Naich Muhammad Rafique）的博士学位论文荣获哈尔滨工业大学第二十一届优秀博士论文，成为我校首位获得优秀博士论文的留学生。

● 学校自主培养博士留学生毕业留校后荣获国家自然科学基金

贝宁留学生乐古（Guene Lougou Bachirou）博士学习期间发表 23 篇 SCI 和 EI 论文，成为我校首位博士毕业留校任教的留学生，并荣获 2019 年度国家自然科学基金外国青年学者研究基金。

● 承担社会责任，积极参与"精准扶贫"，与多所中小学携手开展留学生支教活动

2015 年至今，我校来华留学生积极响应"精准扶贫"号召，赴广西金秀县、大庆中学、哈尔滨香坊区幸福镇第 109 中学、风华小学、保国四小、道里尚志社区等地开展支教活动 180 余次，发挥国别、语言资源优势，帮助中国中小学生开拓眼界，认知世界，"扶贫、扶智、扶志"。课堂上，留学生志愿者们采用中文为主，英文为辅的教学方式，图文并茂地介绍世界各国的历史、文化、建筑、节日、习俗、食物等知识。留学生志愿者们的授课方式各具特色，反响热烈。迄今为止，共有来自美国、加拿大、俄罗斯、乌克兰、墨西哥、泰国、巴基斯坦、加纳等 80 余个国家的 300 余名留学生参与。"国际大讲堂""幸福视野"等留学生支教活动已成为我校来华留学生品牌活动，有力促进了来华留学生与中国社会的正面良性互动。

四、"三个功夫" 助推来华留学实践与探索

当今中国已与世界更加紧密地联系到一起，世界需要更好地了解中国，中国也需要更好地了解世界。

我国已成为亚洲最大留学目的地国家之一，急需建立与我国国际地位、教育水平相适应的来华留学教育和服务体系，打造一支来华留学教育的高水平师资队伍，形成一批特色鲜明的高水平学科群，以更好地培养既掌握专业知识又通晓中国文化，讲好中国故事的知华、友华、亲华的国际使者。作为高等学校，有责任有义务向世界介绍一个全面的、积极的、发展的中国，对我们来华留学教育工作者来说，培养的每一个"专业学术功夫"到家、"中国语言文化功夫"到家、"跨文化交际功夫"到家的来华留学生，都是中国呈现给世界的最好"作品"和"名片"，也倾注着"哈工大规格"的智慧、方案和力量。

结合"三个功夫"的培养目标引领和实践助推作用，学校实施开展 2019—2020 来华留学提质增效"质量规范年"，并于近期提出《留学哈工大 2025》计划，旨在打造来华留学教育的哈工大品牌，进一步深入践行来华留学教育"三个功夫"，助推来华留学工作可持续发展。《留学哈工大 2025》为哈工大的留学教育描绘了发展蓝图：2025 年，在校各类来华留学生数量达到 5 000 人。其中，学历留学生人数达到 2 500 人，硕博率 50% 以上。使哈工大成为东北亚主要留学目的高校之一，成为俄罗斯来华留学人才培养重要基地。教育部来华留学（I 类）示范基地建设成果凸显。建立具有鲜明特色的与哈工大国际地位、国际化教育规模和水平相适应的来华留学管理与服务体系；培育出一批来华留学高水平师资和精品课程；形成较完善的来华留学英文授课课程体系，不断提升学校的国际化办学水平，助推世界一流大学建设。

为实现《留学哈工大 2025》的发展目标，学校来华留学工作将深入贯彻落实习近平新时代中国特色社会主义思想，坚持问题导向，强化创新思维，增强"四个意识"，坚定"四个自信"，做到"两个维护"，积极思考谋划，勇于担当作为。学校将紧密围绕大力发展学位生这一中心任务，加强来华留学生管理队伍和来华留学师资队伍建设；多措并举，实施学历留学生培养与管理，来华留学生校园多元文化与国际化氛围，来华留学可持续发展三大提升工程。深入贯彻和落实"以短期促长期、以规模上层次、大力发展学历留学生，不断提升培养质量"的来华留学工作发展战略；聚焦"一带一路"，推进来华留学预科项目建设；提质增效，不断提升"留学哈工大"特色和品牌；不断深入践行科学发展观，完善机制，规范管理，强化服务意识；勇于担当，攻坚克难，解决发展瓶颈问题，实现来华留学可持续发展；凝练和打造来华留学教育"三个功夫"，助推来华留学实践与探索。

学校将继续推进来华留学"三个功夫"建设，不断凝练和丰富"三个功夫"内涵，以《学校招收和培养国际学生管理办法》（42 号令）、《来华留学生高等教育质量规范（试行）》（50 号文）等文件为工作准则和方向指引，以强调质量，促进来华留学内涵发展为目标；以规范管理，提升服务意识和水平为重点；提质增效，培养具有"哈工大规格"的"融通中国与世界"之才；积极引导来华留学生讲好中国故事、传播中国好声音、共同构建人类命运共同体；积极扩大高层次来华留学生规模，助推我国走向世界教育舞台中央，提供中国方案，彰显中国智慧。

参考文献

1　顾建政、刘孟男和吴晖晗："来华留学质量认证院校自评组织与实施——国外高等院校质量评估模式的启示"，《教育教学论坛》，2019 年第 20 期，第 8—10 页。

2　胡清国："对外汉语中语言与文化的教学及其把握"，《广西社会科学》，2004 年第 3 期，第 187—189 页。

3　李晓红、刘孟男和杨英："基于'育人为本'的跨文化交际平台建设——以哈尔滨工业大学为例"，《世界教育信息》，2016 年第 3 期，第 59—63 页。

4　周玉："规格严格　功夫到家——我对哈工大校训之理解"，《哈工大报》，2014 年 10 月 18 日，https://news. hit. edu. cn/syss/81/94/c1881a98708/page. psp。

国际学生跨文化适应能力的
内涵特征及其提升路径

叶 文 沈 杰*

摘要：在全球化背景下，国际学生发展跨文化适应能力具有非常重要的现实意义。跨文化适应能力的发展可以总结为适应性阶段、体验性阶段、认知性阶段和创造性阶段四个发展阶段，各个阶段表现出不同的类型特点。从人才培养的角度，将跨文化适应从现象、问题层面转向能力培养和素质提升层面，丰富和发展了跨文化适应理论的内涵，有利于更好地促进高校国际化人才培养。

关键词：国际学生 跨文化适应能力 提升路径

Abstract：In the context of globalization, it is of great practical significance for international students to develop cross-cultural adaptability. The development of cross-cultural adaptability can be summarized into four stages：adaptive stage, experiential stage, cognitive stage and creative stage. Each stage shows different characteristics. From the perspective of talent training, cross-cultural adaptation is transferred from the level of phenomenon and problem to the level of ability training and quality improvement, which enriches and develops the theory of cross-cultural adaptation, and facilitates the cultivation of international talents in colleges and universities.

Key Words：international students, cross-cultural adaptability, improvement

　　跨文化适应指文化主体在不同文化群体间接触、交互中产生的文化适应现象。作为重要的学术概念，它由美国人类学家雷德菲尔德（Redfield）等提出。经过一系列的理论发展，跨文化适应从最初的人类学概念，发展为一个融社会学、心理学和传播学等学科在内的综合性、多学科的研究范畴。（胡芳毅）以上研究主要集中在跨文化适应的现象、问题及其本质等学术研究范畴，特别是心理适应和社会适应。

　　从人才培养的角度，跨文化适应研究的一个重要内容是如何提升跨文化适应者的能力，增强跨文化适应的效果。从这个意义上讲，跨文化适应从一个人类学、心理学概念转变为重要的教育学、社会学概念。它的核心关注点是跨文化者自身及其能力发

---

* 叶文，浙江大学国际教育学院讲师，研究方向为学生思政教育。
　沈杰，浙江大学国际教育学院教授，博士，博士生导师，研究方向为国际高等教育。

展，即跨文化适应能力。对于国际学生来说，跨文化适应能力培养是国际人才培养的一项重要教育内容，也是当前社会发展对国际教育提出的客观要求。

一、 发展跨文化适应能力的客观要求

（一） 教育国际化发展的必然趋势

高等教育国际化是经济全球化的必然产物。在经济全球化背景下，高等教育快速国际化，直接推动了学生的国际流动。美国、英国、澳大利亚、日本、法国、加拿大、德国、新加坡、新西兰、瑞典等国家已成为全球最受欢迎的留学目的地。随着中国的经济发展和综合国力的提升，中国高等教育的国际化逐步得到世界的认可，在全球最受欢迎留学目的地中排名第三。2016 年，我国制定了《关于做好新时期教育对外开放工作的若干意见》以及《推进共建"一带一路"教育行动》等政策性文件，从国家层面对我国教育国际化发展进行指导。目前，中国已经成为亚洲最大的留学目的国。据统计，2018 年共有来自 196 个国家和地区的 492 185 名各类外国留学人员在全国 31 个省（区、市）的 1 004 所高等院校学习。（中华人民共和国教育部）对于来华国际学生来说，如何更好地适应中国的学习生活成为影响其留学生涯能否成功的关键性问题之一。

（二） 国际人才必备的重要素质

随着高等教育的国际化，人才的世界性流动成为常态。优秀的国际人才成为世界各国争夺的重要人力资源。西方发达国家最先意识到这一点。美国从 1990 年开始，实施 H‐IB 签证计划、"绿卡制"，抢占了国际人才竞争的先机；随后德国也对专门人才实行"绿卡"制度，设立"国际研究基金奖"吸引技术人才；日本不断扩招留学生，增加科技后备人员的储备量，实施"30 万留学生政策"，支持海外高层次人才加强学术交流与合作。（李恩平、杨丽）为应对全球范围内的"人才战争"，我国也开始逐步实施国际人才引进计划，并制定有利于国际人才发展的国家政策。如 2008 年实施"千人计划"，2011 年实施"外专千人计划"，2012 年推行"绿卡"政策，2013 年各地陆续推出"国际人才签证"政策等。国际人才的竞争除了专业素质、专业能力的竞争外，国际人才是否具有较好的跨文化适应能力非常重要。国际人才是否适应引进国家的社会文化、管理制度等，即国际人才的跨文化适应能力很可能成为制约其未来发展的重要因素。

（三） 国际人才培养的基本要求

对于高等学校来说，国际化发展已成为重要趋势。其中，国际学生的比例，直观地反映了大学的国际化程度。以 15 所世界顶尖大学为例，国际学生比例基本超过了20%。在国际化理念下，国际人才培养成为共识。当前，高校对国际人才培养的理念、目标、内容和模式提出了新的要求，不断创新人才培养体制机制。高校国际人才培养包括六个基本要素，即国际化培养理念、国际化培养战略、国际化教学手段、国际化培养对象、国际化的师资、国际化教学内容。六个要素之间紧密关联，相互制约和影响，并建立系统化的人才培养环境和机制，才能真正实现国际化发展目标，培养国际人才。（刘秀玲、谭会萍和苗芳）

在教育国际化发展、国家国际化人才战略和高校国际化人才培养的背景下，社会和高校对国际人才培养提出了更高要求。国际学生需要更加重视国际化素质和能力的培养，积极通过国际教育、对外交流等多种途径有意识地培养跨文化适应能力，拓展国际视野，提升国际竞争力。

二、 从跨文化适应到跨文化适应能力

基于以上原因，我们认为，从国际化人才的培养与发展来看，跨文化适应本质上是国际化人才的一项基本能力，甚至是一项可能制约其发展的关键能力。将跨文化适应从现象、问题层面转向能力和素质层面，可以更好地体现人的主体性、能动性，丰富和发展跨文化适应的内涵。

（一） 观念上： 从生存适应到能力发展

在传统意义上，无论是作为群体还是个体的跨文化适应，更多地关注文化适应主体在新的社会环境和系统中普遍面临的社会适应、心理适应等问题，例如面临语言、文化、价值观等差异性环境时表现出来的心理反映和互动过程。（陈国明、余彤）从本质上看，它是一种生存性适应，其核心目标是克服跨文化所带来的问题。如何有效解决这些问题，需要从知识、态度和能力上进行反思。国外诸多学者从不同维度对跨文化能力进行了模型建构，例如汉密尔顿的跨文化能力构成模型属于"三分法"的分类维度，他认为跨文化能力包括态度、技能和知识三个方面；也有不少学者通过二元分类维度进行研究，例如将跨文化能力概括为核心能力与主要能力、一般能力与特定能力、内在素质与外显能力；还有将"能力"置于"主体"的认识论基本范畴之下，具体分析跨文化能力的特质等。（蒋瑾）

将跨文化适应从生存适应转变为素质发展和能力提升，本质上是以国际学生人才培养的根本问题为出发点。如此一来，跨文化适应的关注点、出发点发生了根本转变。国际学生的跨文化适应不再以克服现实中的困难和问题为目标，而是要围绕国际学生的能力发展和素质提升为中心，在分析其基本内涵、核心能力、表现特征的基础上建构国际学生人才培养的观念、目标和路径。

（二） 方式上： 从被动适应到主动提升

传统跨文化适应理论将跨文化适应描述为一个复杂、动态的过程或现象。在解决问题方面，更多的是一种解决问题的方式方法，主要途径是鼓励国际学生适应、顺从

新的社会环境和文化环境，克服自身固有的文化属性和特征，达到文化协调和文化认同，获得一种文化的创造性融合，实现文化上的平衡。（王丽娟）这一过程具有被动性特征，是直觉性的、应激式的，对自身文化属性自觉性认识不够，对新的文化环境、社会环境的认识不充分。说到底，它是一个被动适应的文化融合过程。

作为能力和素质的跨文化适应，要求国际学生不仅对个人能力有清楚自觉的把握，而且对新的社会环境、文化环境也有自觉的认识。在这个基础上，充分发挥个人积极性、主动性和创造性，它以应对面临的困难和问题为契机，以自身能力和素质的发展为根本目标。本质上讲，这一过程不再是以克服跨文化适应所表现出的症状和问题为目标，而是在新的文化环境、社会环境中发展跨文化适应能力，发挥人的主观能动性的过程。

（三） 主体上：从单一主体到多重主体

从主体角度分析，在跨文化适应研究中，无论是个体心理适应层面，还是群体社会适应层面，主要关注的是在新的文化环境中个体或群体的价值观、态度和行为的变化。（王丽娟）以国际学生为例，要解决"他们"的问题或者说是"他们要"解决的问题。它主要将国际学生作为"他者"看待，从本质上讲，属于单一主体问题，将跨文化适应看做国际学生自己所面临的问题，而忽视了在这个文化环境之中的不同主体之间的关系。

在高等教育国际化的大背景下，作为能力和素质的跨文化适应，是中外学生需要共同面对的问题，也是高校教师和管理者需要面对、思考和解决的问题，作为能力的跨文化适应是经济全球化和高等教育国际化对高校人才培养提出的新要求。跨文化适应主体从过去的国际学生作为教育对象的单一主体扩展到包括本土学生、高校管理者及教师在内的多重教育主体。学生和教育者都是跨文化适应的主体。要解决好跨文化适应问题，培养和发展跨文化能力，必须充分发挥不同主体间的相互作用。在国际化教育的大背景下，教育社区已经形成了一个国际性的教育共同体，跨文化适应能力成为国际学生与本土学生之间、不同国家国际学生之间进行互动、交流的"通行证"。

（四） 内涵上：从文化消弭到文明互鉴

在跨文化适应中，"适应"一词本身具有消弭、克服自身已有文化去适应新的文化的含义，具有矫正性、克服冲突性的特征。这种适应将国际学生自身固有的、显性的文化属性变得隐性，是一种克制和压抑固有文化属性、屈服和接受新的文化属性的过程，往往不能从根本上解决跨文化适应问题。一旦遭遇特殊情况，被抑制的冲突和矛盾就会显现，可能会引发严重的后遗症，甚至造成"文化休克"。

我们应该将跨文化适应作为一种能力看待，不再从是否固有和新旧文化属性标签去认识问题，而是将之视为国际人才的基本素质和能力发展并以此为前提条件。从这个前提出发，才能解决很多横亘在跨文化适应面前的文化冲突问题、价值观问题。以"文化休克"为例，它不只是跨文化者的负面障碍，同时也对跨文化者提出了积极的挑战，是跨文化适应能力发展和个体成长的触发条件和机遇。（李彩霞）从文化适应的本质属性和内涵上分析，跨文化适应不再是文化消弭的问题，而是一个文明互鉴、民心相通的过程。只有充分认识到，跨文化适应必须建立在一种平等的、相互理解的文化环境上，才能真正在跨文化适应中实现文化交流、文明互鉴，获得主体的尊严、尊重。在这个基础前提下，跨文化能力才能在一种全新的国际化环境中得到提升和发展。

三、 跨文化适应能力发展的四个阶段

借鉴跨文化适应理论的蜜月期、危机期、恢复期与适应期的"四阶段"划分（王丽娟），国际学生的跨文化适应能力发展的内涵以跨文化主体的适应、成长、认知和创造来区分，可分为四个发展阶段，包括适应性阶段、体验性阶段、认知性阶段和创造性阶段。这样的划分反映了人的主体性从低级向高级发展、从简单到复杂变化，最终进入能动、自由、具有创造性的发展过程。

（一） 适应性阶段

适应性阶段指国际学生进入新的社会文化系统的初始阶段，主要表现为客观上要求适应新的社会文化环境，是制度化、灌输式的适应阶段。在这一阶段，是国际学生面临新旧文化系统之间的直接冲击，在跨文化适应类型上属于磨合型。国际学生在这一阶段的跨文化适应主要体现在生存需要和基本需求上，在跨文化能力发展方面主要停留在对学习生活的了解和客观性适应层面上。

适应性从根本上讲是"社会适应性"，即"指个体对社会生活环境的适应能力和水平，主要包括对复杂人际关系的适应、对周围生活环境的适应、对学习与工作方式的适应和对外界挫折与压力的适应等，社会适应过程实质上是一个不断学习、不断调整的过程"。（凌云志）来华国际学生入学后，需要在新的人际关系、新的管理制度、新的文化环境中建构个人的跨文化适应能力，通过不断学习和心理调试尽快适应大学的学习和生活。

（二） 体验性阶段

体验性阶段指国际学生在初步了解新的社会文化系统、制度环境等情况，并且度过了初步适应期后，对新的文化环境表现出一定的兴趣，开始进入主动探索期。这一阶段的跨文化适应主要表现为对新文化有了解的冲动和兴趣。在跨文化适应的类型上属于体验型，具有感性体验的特点。在跨文化能力发展上表现为探索和尝试。

优秀中国传统文化是来华国际学生跨文化适应能力发展的重要内容，文化体验性教学则是提升跨文化适应能力的重要载体和形式。国际学生通过亲身体验中国文化，特别是"通过个人的感觉器官，感受文化信息，领悟文化内涵，反思并修正个体已有认识，不断生成新观念的过程"，"充分发挥学习者的主体作用，通过学习者参加文化体验项目，在'做'的过程中学习、领会、感悟、内化、反思并总结，以实现学习者

通过自我情感参与，主动获取语言与文化知识，最终达到理解文化的目的"。（侯磊）实践证明，国际学生要真正了解和理解中国及其发展，理解文化是一个重要前提。

（三） 认知性阶段

认知性阶段指在经过适应期和体验期的感性了解后，国际学生对新的社会文化环境进行理解和判断的理性认识阶段。从这一阶段开始，国际学生逐渐接纳和理解新的文化环境，会对新文化系统进行主动认知和判断，进入融入期阶段。从类型上，它属于认知型的跨文化适应，包括认同理解型与矛盾冲突型两种类型。这一阶段，跨文化适应呈现理性化、自觉性，是跨文化适应的高级阶段。

认知能力是跨文化主体适应新的社会文化环境的关键性能力，是跨文化适应能力的重要内容之一。从本质上讲，它是一种重要的学习能力和技能。在这一阶段，自觉性反思和价值判断等能力得到进一步开发。我们能够"通过主动的心理建构活动，来获得那种能真实反映客观规律的认知结构，形成有效地解决问题的认知能力"，"建构良好的认知结构"。（姚梅林）培养和提升认知能力，有助于跨文化主体从概念上理解、从技能上掌握、从实践中解决所面临的与跨文化适应相关的认识问题。

（四） 创造性阶段

创造性阶段指国际学生经过一定的跨文化适应后在新的文化系统内进行创造性活动的发展阶段。它是跨文化适应的最高阶段，属于创造性发展阶段。国际学生在这一阶段已进入完全适应期。

在跨文化适应能力发展上，处于创造性阶段的国际学生往往表现出主动性、创造性，能够自觉运用自身的跨文化能力，在社会实践中主导和推动跨文化实践，开展创新性的跨文化活动。这一类实践活动具有"综合性、探索性和开拓性"的思维特征，其综合性一方面表现为不同阶段的思维形态、思维方式、思维方法的综合利用，另一方面表现为对自身固有文化和新的社会文化之间的辩证综合能力。（张丽华、白学军）在创造性阶段，跨文化主体的跨文化适应能力得到极大的发展。

需要指出的是，以上四个发展阶段是从一般意义上去分析跨文化适应能力，为了便于分析，采取了线性式、类型式和分期式的概括。实际上，跨文化适应能力的发展是一个复杂的、渐进的过程。首先，跨文化适应能力从时间上可分为不同的发展阶段，并代表了不同的能力发展类型；其次，跨文化适应能力四阶段的发展具有递进性，从初级阶段到高级阶段，从简单、单一层次到复杂、综合层次；最后，受跨文化主体的主观条件和所处外部客观环境等因素影响，跨文化适应能力发展各个阶段持续的时间长短不一，也可能出现两种或几种阶段并行发展，甚至跳跃式、跨越式发展。

四、 跨文化适应能力提升的基本路径

在国际化背景下，开展对跨文化适应能力的理论分析，以及如何在国际学生培养

过程中提升其跨文化适应能力是一个重要的理论和实践问题。结合实际经验，我们认为，提升和发展国际学生跨文化能力可从始业教育、体验活动、实践平台和创新创业四个方面着手。

（一） 做好新生始业教育

始业教育是提高国际学生跨文化适应能力的非常重要的"开学第一课"。教育管理者要高度重视和发挥"开学第一课"的教育作用和功能。始业教育的主要形式有专题教育、宣传、讲座等，一般是集体性的，要求全体新生共同参与。从总体上看，始业教育具有灌输性特点，表现为强制性、规定性，教育的主要内容有法律法规宣讲、校纪校规教育、校史教育等。可以说，新生始业教育是扣好国际学生来华留学的"第一粒扣子"。

（二） 开展实践体验活动

文化体验活动是提高国际学生跨文化适应能力的重要方式，具有重要的文化育人功能。文化体验活动主要为体验式教学或参与性活动，具有感知性、体验性等特点，方式方法较为灵活，易于组织，以感性体验为主，例如特色文化参观、传统节日与民俗体验、田野调查等。高校应当注意挖掘具有地域性特色、学校特色的文化体验活动。如浙江省高校的茶文化、旗袍、越剧等文化体验活动比较受国际学生欢迎。在开展文化体验活动的同时，应当积极推动中外学生的文化交流，中外学生同堂上课、共同体验，达到文化交流、文明互鉴的效果。

（三） 搭建素质发展平台

素质发展是国际学生人才培养的重要内容。高校应当积极搭建跨文化能力训练和素质发展平台，包括校级、省级、国家级的各类学术竞赛，文体活动，社会实践等。平台的建设应考虑高校国际化人才培养系统和国际化校园氛围，加强中外交流与融合，推动趋同管理，发挥平台的"第二课堂"作用，提升国际学生的跨文化适应能力。特别是要重视"第一课堂"知识传授与"第二课堂"能力提升之间的融通和互动。

（四） 营造创新创业环境

创新创业是跨文化适应能力发展的最高阶段，也是国际学生人才培养的终极目标。与前三个路径相比，创新创业环境的营造具有根本变革性。它不是简单的体验和训练，而是具有高度复杂性、创新性和综合性等特点。它真正实现了国际学生自我教育、自我主导和自我发展，方式方法灵活，个人特色明显。引导国际学生通过创新创业活动提升跨文化适应能力显得尤为重要。近年来，随着我国高校大力推进大学生创业教育和实践工作，为大学生创业营造了良好的创业氛围，国际学生创新创业也成为我国高等教育国际人才培养的一个特色和亮点。

参考文献

1 陈国明、余彤："跨文化适应理论构建"，《学术研究》，2012 年第 1 期，第 130—138 页。

2 胡芳毅："国际学院学生跨文化适应能力培养策略研究"，《社会科学动态》，2017 年第 7 期，第 99—101 页。

3 侯磊："汉语国际教育硕士留学生文化体验培养模式探索"，《学位与研究生教育》，2016 年第 4 期，第 41—45 页。

4 蒋瑾："跨文化能力分类及培养的思考"，《比较教育研究》，2013 年第 9 期，第 18—24 页。

5 李彩霞："跨文化适应视角下的文化休克研究"，《广西社会科学》，2015 年第 11 期，第 196—201 页。

6 李恩平、杨丽："发达国家引进高科技人才政策的比较及启示"，《经济论坛》，2010 第 6 期，第 50—52 页。

7 刘秀玲、谭会萍和苗芳："国际化人才培养系统的构建与实施"，《大连民族学院学报》，2010 年第 4 期，第 383—385 页。

8 凌云志："高校如何建构以社会适应性为导向的人才培养体系"，《中国高等教育》，2016 年第 22 期，第 51—53 页。

9 王丽娟："跨文化适应研究现状综述"，《山东社会科学》，2011 年第 4 期，第 44—49 页。

10 姚梅林："从认知到情境：学习范式的变革"，《教育研究》，2003 年第 2 期，第 60—64 页。

11 张丽华、白学军："创造性思维研究概述"，《教育科学》，2006 年第 5 期，第 86—89 页。

12 中华人民共和国教育部："2018 年来华留学统计"，2019 年 4 月 12 日，https://www.moe.gov.cn/jyb_xwfb/gzdt_gzdt/s5987/201904/t20190412_377692.html。

俄罗斯来华留学生文化休克问题研究

——以中国石油大学（北京）为例

徐卓青*

摘要： 文化休克现象普遍存在于来华留学生群体之中，它会使留学生无法实现文化层面的心理适应，对留学生的学习生活有一定影响。本文以中国石油大学（北京）为例，依据奥伯格文化休克理论、霍夫斯泰德文化维度理论，借鉴李克特量表及芒福德编制的文化休克量表样式，运用了调查法、观察法、文献研究法，分析俄罗斯来华留学生文化休克现象，得出俄罗斯留学生在中国存在较显著文化休克现象的结论，提出了针对俄罗斯来华留学生文化休克问题的对策及可适用于不同国别来华留学生文化休克问题的对策。各高校要重视对俄罗斯来华留学生的跨文化适应教育做好文化导入，帮助他们尽早克服文化休克，保障他们在华顺利开展学习和生活；将可适用于其他国别来华留学生的解决文化休克的对策推广运用于对其教育管理中。

关键词： 俄罗斯学生　来华留学生　文化休克

Abstract： Culture shock is a common phenomenon among international students in China, which can make them unable to achieve psychological adaptation at the cultural level and has a certain impact on their study and life. Taking China university of Petroleum（Beijing）as an example, based on Oberg's theories of cultural shock, Hofstede's cultural dimensions theory, using Likert scale and Mumford's cultural shock questionnaire, using the survey method, observation method and literature research method, this paper analyzes the cultural shock experienced by international students from Russia and concludes that cultural shock is prevalent among international students from Russia. Thus, the countermeasures are put forward in this paper and can be applied to international students from other countries experiencing the same problem. All universities and colleges should attach great importance to intercultural adaptation education for Russian international students in China, help them overcome cultural shock as soon as possible, and ensure their smooth development of study and life in China. The countermeasures applicable to international students from other countries should be promoted and applied in order to better carry out international student management.

---

* 徐卓青，中国石油大学（北京）国际教育学院辅导员，研究方向为国际学生教育管理。

Key Words：Russian students, international students in China, cultural shock

一、 研究背景

2019 年是中俄建交 70 周年，中俄人文合作委员会成立 20 周年。中俄教育合作深入发展，教育合作交流机制不断完善，教育合作交流成果日益丰硕。据教育部统计，2018 年共有来自 196 个国家和地区的 492 185 名各类外国留学人员在全国 31 个省（区、市）的 1 004 所高等院校学习。其中，俄罗斯来华留学人员数量为 19 239 人，在世界各国中位列第六。2003 年，俄罗斯来华留学人员数量为 1 224 人，在世界各国中位列第八；（中华人民共和国教育部 2003）2011 年，俄罗斯来华留学人员数量为 13 340 人，在世界各国中位列第六。（中华人民共和国教育部 2011）2018 年，俄罗斯来华留学人员数量明显增长，为 2003 年俄罗斯来华留学人员数量的 15 倍。（中华人民共和国教育部 2018）

俄罗斯是世界主要产油国之一，有着丰富的油气资源，石油与天然气是俄罗斯重要的产业支柱。（吴克礼）能源合作是中俄合作的重要领域，俄罗斯已连续三年成为中国第一大原油进口来源国，天然气合作项目也发展势头良好，在此背景下，对兼具石油背景知识和一定外语能力的国际化石油领域人才的需求不断扩大。中国石油大学（北京）作为石油特色鲜明、以工为主、多学科协调发展的教育部直属的全国重点大学，具备培养这类服务于中俄能源合作的国际化人才的能力，与俄罗斯国立古勃金石油与天然气大学、乌法石油技术大学等俄罗斯石油类高校及新西伯利亚国立大学、别尔哥罗德国立大学等俄罗斯综合类高校在学术交流及留学生培养方面都有良好的合作。俄罗斯是我校较为稳定的生源国，俄罗斯留学生人数目前在我校各国来华留学生人数中排在第五位。我校有来自俄罗斯的预科生、本科生、硕士研究生、博士研究生、进修生等不同类别学生。学校每年还会定期举行普希金青年艺术节、俄罗斯留学文化周等活动，以促进中俄人文交流。

随着中俄两国人文教育合作的加强，俄罗斯来华留学生的数量稳中有升，在近十五年来增速较快。这一现实使得俄罗斯来华留学生群体中的跨文化适应问题日益突出，这对各高校的教育管理提出了新的要求。各高校在重视对俄罗斯来华留学生的语言培训及专业能力培养的同时，对俄罗斯来华留学生的跨文化适应方面关注较少。很多俄罗斯留学生在来华学习初期会难以适应中俄文化间的巨大差异，甚至遇到文化休克现象。因此，来华俄罗斯留学生文化休克问题研究对提高我校留学生教育管理精细化水平，发展对俄国际教育合作有积极意义。

二、 文化休克的概念

文化休克（cultural shock）又称文化震惊，美国人类学家奥博格（Kalvero Oberg）在 1960 年提出这一概念，将其定义为"是因为人们突然失去了熟悉的社会交往符号和标志所导致的一种精神焦虑"。（Oberg 1960）这是指生活在某一种文化环境中的人初次进入到另一种不熟悉的文化环境，因失去自己熟悉的所有社会交流的符号与手段所产生的思想混乱与心理上的精神紧张综合症。

文化休克的表现可分为生理表现和心理表现。生理表现包括失眠、头痛、疲惫乏力、对身体上的小病痛反映敏感等。心理表现包括紧张，焦虑，有孤独感、沮丧感。

文化休克对来华留学生的影响主要包括：（一）对新的文化环境不能积极适应，甚至消极拒绝；（二）无视新文化环境中的规则，坚持己见；（三）放大生活中遇到的问题，面对较小的困难产生较大情绪；（四）不愿与其他人交流，不去尝试融入当地社会；（五）过度思念家乡，认为在新文化环境中的生活毫无乐趣；（六）学习上遇到困难，产生厌学情绪；（七）敏感、多疑、自卑等负面情绪会影响对事物的客观判断和人际交往。

三、研究方法及对象

为了更加准确、客观、全面地了解中国石油大学（北京）来华俄罗斯留学生文化休克情况，作者采用问卷调查和深度访谈研究来华俄罗斯留学生容易出现的文化休克问题。

（一） 问卷调查

1. 调查问卷的设计

作者借鉴芒福德于 1998 年编制的文化休克量表（Culture Shock Questionnaire，简称 CSQ）和李克特五分量表法，针对工作中遇到的问题，结合俄罗斯留学生的实际情况设计了调查问卷。问卷包括文化休克核心项目（Core culture shock items）和人际压力项目（Interpersonal stress items）两部分。

2. 调查对象

本研究采用统计学中抽样研究方法，随机选取了 62 名中国石油大学（北京）俄罗斯籍在校生及往届生作为调查对象。

3. 问卷的发放与回收

问卷的发放和回收均采用线上形式，通过微信、电子邮箱、VK（Vkontakte）等线上社交工具将问卷发放给调查对象。调查问卷共发出 62 份，收回有效问卷 60 份，产生废卷 2 份，回收率为 96.77%。收集问卷后，使用 SPSS 软件（"统计产品与服务解决方案"软件）对问卷进行统计分析。

（二） 深度访谈

回收调查问卷后，作者结合问卷结果对部分学生进行了跟踪访谈。访谈形式以面对面访谈为主，借助微信、VK 等社交工具的线上访谈为辅。访谈内容主要涉及俄罗斯留学生文化休克表现、程度、持续时间、产生原因和自我寻求的解决方法等几个方面。

四、 调查量表设计及内容

（一） 调查对象的社会人口学特征

本研究调查对象共 62 人，其中男性 27 人，女性 33 人，男女比例为 9∶11。调查对象年龄以 25—28 周岁居多，有 27 人，占总数 45%；以在城市中成长的居多，有 51 人，占总数 85%；以在华学习时间 3 年以上的居多，有 39 人，占总数 65%；以来华前无出国留学经历的居多，有 37 人，占总数 61.67%；以汉语水平中级的居多，有 26 人，占总数 43.34%；以英语水平为高级的居多，有 27 人，占总数的 45%；以在校内住宿的居多，有 50 人，占总数的 83.33%。

本次研究的俄罗斯留学生社会人口学特征见表 1。

表 1 俄罗斯留学生社会人口学特征

性　　别	男性 45%，女性 55%
年龄分布	18—21 周岁 30%，22—24 周岁 25%，25—28 周岁 45%
成长环境	城市 85%，农村 15%
在华学习时间	1 年以内 20%，1—3 年 15%，3 年以上 65%
来华前有无出国留学经历	有 38.33%，无 61.67%
汉语水平	不会 18.33%，初级 18.33%，中级 43.34%，高级 20%
英语水平	不会 0，初级 13.33%，中级 41.67%，高级 45%
在华留学期间住宿情况	校内住宿 83.33%，校外住宿 16.67%

（二） 文化休克调查量表

本次研究参考李克特五分制量表（表 2）。

从非常同意到非常不同意的项目分数分别为 1—5 分。1 为非常同意这种观点；2 为同意这种观点；3 为对这一观点持中立态度；4 为不同意这一观点；5 为非常不同意这种观点。表中 Q1—Q20 为正向项目，Q21—23 为反向项目。正向项目得分越低，或反向项目得分越高，说明文化休克现象越显著。

表 2 俄罗斯来华留学生文化休克调查量表

项　　目	非常同意	同意	中立	不同意	非常不同意
（填写说明：请根据你的认知，对以下各项目做出评价，在相应方格内打"√"，每题限选一项）					
Q1 因为要努力适应中国文化环境而感到紧张焦虑					

项　目	非常同意	同意	中立	不同意	非常不同意
Q2 想念在俄罗斯的亲友					
Q3 感觉自己难以被中国人接纳					
Q4 想离开中国					
Q5 对自己在中国文化环境中的角色或身份感到困惑					
Q6 发现自己难以接受中国文化中的一些事物或现象					
Q7 在试图适应中国文化环境时曾感到无力					
Q8 我在中国的胃口没有在俄罗斯好					
Q9 来中国后我比之前更经常感到疲惫					
Q10 在中国我不能掌握我的生活节奏					
Q11 在中国我的情绪变化比较快					
Q12 在中国我感觉学习压力很大					
Q13 与中国人接触时感到焦虑或尴尬					
Q14 与中国人交谈时难以理解对方的手势或面部表情					
Q15 在中国走在路上被注视时会感到不舒服					
Q16 感觉消费时卖家试图欺骗自己					
Q17 发现自己难以做到对中国人以礼相待					
Q18 在中国我与他人产生争执的频率更高了					
Q19 我觉得在中国办事很难					
Q20 我难以用汉语与他人顺畅交流					
Q21 在中国我会更经常地得到他人的赞美					
Q22 我会很容易得到中国人的帮助					
Q23 我喜欢在业余时间多和中国人交往					

五、描述性统计分析

作者用 SPSS 软件对调查数据进行了初步的整理和归纳，进行描述性统计分析。

（一）文化休克核心项目

文化休克核心项目（Q1—Q12）均为正向项目，得分越低，说明文化休克现象越显著。根据描述统计结果显示（表3），在这12个调查项目中，均值低于3.00的有7个，占总数的58.34%，均值低于2.00的有2个，占总数的16.67%；均值超过3.00的有5个，占总数的41.67%。其中71.67%的调查对象对"发现自己难以接受中国文化中的一些事物或现象"（1.85）感到非常同意或同意，85%的调查对象对"我在中国的胃口没有在俄罗斯好"（1.58）感到非常同意或同意。均值在2.00—3.00之间的项目有"想念在俄罗斯的亲友"（2.13），"在试图适应中国文化环境时曾感到无力"（2.42），"来中国后我比之前更经常感到疲惫"（2.57），"在中国我不能掌握我的生活节奏"（2.37），"在中国我感觉学习压力很大"（2.05），结合其他均值比较低的项目可以看出，调查对象在中国有一定文化休克核心项目的具体表现。

表3　文化休克核心项目的描述性统计结果

项　　　　目	N	最小值	最大值	均值	标准偏差
Q1 因为要努力适应中国文化环境而感到紧张焦虑	60	1	5	3.55	1.431
Q2 想念在俄罗斯的亲友	60	1	5	2.13	1.467
Q3 感觉自己难以被中国人接纳	60	1	5	3.80	1.219
Q4 想离开中国	60	1	5	3.25	1.159
Q5 对自己在中国文化环境中的角色或身份感到困惑	60	1	5	3.32	0.911
Q6 发现自己难以接受中国文化中的一些事物或现象	60	1	4	1.85	0.917
Q7 在试图适应中国文化环境时曾感到无力	60	1	5	2.42	1.239
Q8 我在中国的胃口没有在俄罗斯好	60	1	4	1.58	0.829
Q9 来中国后我比之前更经常感到疲惫	60	1	5	2.57	1.419
Q10 在中国我不能掌握我的生活节奏	60	1	5	2.37	1.149
Q11 在中国我的情绪变化比较快	60	1	5	3.67	1.311
Q12 在中国我感觉学习压力很大	60	1	4	2.05	0.982

（二）　人际压力项目

在人际压力项目中（Q13—Q20），Q13—Q20为正向调查项目，得分越低，说明人际压力方面的文化休克现象越显著，在这8个调查项目中，均值低于3.00的有5项，占总数的62.50%，均值高于3.00的有3项，占总数的37.50%。Q21—Q23为反向调查项目，得分越高，说明人际压力方面存在文化休克现象越显著，在这3个调查项目中，均值高于3.00的有1项，占总数的33.33%，均值低于3.00的有2项，占总数的

66.67%。总体看来，有 6 项能体现出调查对象具有人际压力方面的文化休克现象，占总数的 54.55%，比如"与中国人交谈时难以理解对方的手势或面部表情"（2.87），"在中国走在路上被注视时会感到不舒服"（2.50），"感觉消费时卖家试图欺骗自己"（2.57），"在中国我与他人产生争执的频率更高了"（2.73），"在中国我难以与他人顺畅交流"（2.43），"我喜欢在业余时间多和中国人交往"（3.30），表明调查对象在中国有较为显著的人际压力方面的文化休克现象。

人际压力项目的描述性统计结果详见表 4。

表 4　人际压力项目的描述性统计结果

项　　　目	N	最小值	最大值	均值	标准偏差
Q13 与中国人接触时感到焦虑或尴尬	60	1	5	3.45	1.371
Q14 与中国人交谈时难以理解对方的手势或面部表情	60	1	5	2.87	1.478
Q15 在中国走在路上被注视时会感到不舒服	60	1	5	2.50	1.269
Q16 感觉消费时卖家试图欺骗自己	60	1	5	2.57	1.198
Q17 发现自己难以做到对中国人以礼相待	60	1	5	3.90	1.231
Q18 在中国我与他人产生争执的频率更高了	60	1	5	2.73	1.247
Q19 我觉得在中国办事很难	60	1	5	3.23	1.500
Q20 在中国我难以与他人顺畅交流	60	1	5	2.43	1.544
Q21 在中国我会更经常地得到他人的赞美	60	1	5	2.90	1.349
Q22 我会很容易得到中国人的帮助	60	1	5	2.20	1.260
Q23 我喜欢在业余时间多和中国人交往	60	1	5	3.30	1.094

（三）总体分析

调查研究的统计结果表明：作为调查对象的 60 名俄罗斯籍学生在中国学习生活期间存在一定文化休克现象。与人际压力项目相比，在文化休克核心项目中有更显著的文化休克体现。这些俄罗斯籍学生有思乡想家情绪，在华期间会很想念在俄罗斯的亲友；发现自己难以接受中国文化中的一些事物或现象；在试图适应中国文化环境时曾感到无力，发现难以融入与俄罗斯文化环境有较大差异的中国文化环境；感觉在中国自己的胃口不如在俄罗斯时好；对于中国人的手势和面部表情有时候难以正确理解，难以迅速及时把握对方意图；在中国走在路上被注视时会感到不舒服；有时担心在消费时卖家试图欺骗自己；觉得自己在中国时与他人产生争执的频率变高了；在运用汉语与他人顺畅交流上存在困难；缺乏在业余时间和中国人交往的主动性。

六、 探索性统计分析

为研究与调查对象产生文化休克现象的相关因素，作者运用 SPSS 软件将调查对象的性别、年龄、成长环境、在华学习时间、来华前有无出国留学经历、汉语水平、英语水平、在华留学期间住宿情况进行了独立样本 T 检验，将上述影响因素设置为因子，将均值低于 3 的正向调查项目及均值高于 3 的反向调查项目（调查对象产生文化休克现象较为显著）设置为因变量，进行了探索性统计分析，分析结果如下：

（一） 文化休克核心项目探索性统计分析

表 5　文化休克核心项目探索性统计分析结果

表 5-1　Q2 想念在俄罗斯的亲友

因素		统计 平均值	标准 偏差
性别	男	2.00	0.294
	女	2.27	0.255
年龄	18—21 周岁	2.00	0.343
	22—24 周岁	2.20	0.405
	25—28 周岁	2.23	0.290
成长环境	城市	2.20	0.218
	农村	1.89	0.351
在华学习时间	1 年以内	3.00	0.426
	1—3 年	2.11	0.423
	3 年以上	1.89	0.235
来华前有无出国留学经历	无	1.81	0.197
	有	2.73	0.367
汉语水平	不会	2.36	0.364
	初级	1.00	0.000
	中级	2.32	0.275
	高级	2.67	0.595
英语水平	初级	2.86	0.670
	中级	1.46	0.177
	高级	2.65	0.314
在华留学期间住宿情况	校内住宿	2.24	0.209
	校外住宿	1.70	0.473

表 5－2　Q6 发现自己难以接受中国文化中的一些事物或现象

因　　　　素		统计 平均值	标准 偏差
性别	男	1.77	0.187
	女	1.85	0.145
年龄	18—21 周岁	1.78	0.207
	22—24 周岁	1.20	0.107
	25—28 周岁	2.19	0.176
成长环境	城市	1.84	0.126
	农村	1.67	0.289
在华学习时间	1 年以内	2.42	0.229
	1—3 年	1.44	0.176
	3 年以上	1.71	0.146
来华前有无出国留学经历	无	1.97	0.152
	有	1.55	0.157
汉语水平	不会	2.09	0.251
	初级	1.64	0.279
	中级	1.84	0.170
	高级	1.67	0.284
英语水平	初级	1.71	0.360
	中级	1.62	0.167
	高级	2.04	0.171
在华留学期间住宿情况	校内住宿	1.80	0.124
	校外住宿	1.90	0.314

表 5－3　Q7 在试图适应中国文化环境时曾感到无力

因　　　　素		统计 平均值	标准 偏差
性别	男	2.15	0.154
	女	2.67	0.256
年龄	18—21 周岁	2.50	0.271
	22—24 周岁	2.00	0.195
	25—28 周岁	2.65	0.288

（续表）

因　素		统计 平均值	标准 偏差
成长环境	城市	2.44	0.167
	农村	2.44	0.530
在华学习时间	1 年以内	3.50	0.379
	1—3 年	3.00	0.408
	3 年以上	1.97	0.153
来华前有无出国留学经历	无	2.57	0.200
	有	2.23	0.271
汉语水平	不会	2.45	0.529
	初级	1.64	0.152
	中级	2.76	0.254
	高级	2.50	0.230
英语水平	初级	3.14	0.508
	中级	2.12	0.244
	高级	2.58	0.223
在华留学期间住宿情况	校内住宿	2.49	0.185
	校外住宿	2.20	0.291

表 5－4　Q8 我在中国的胃口没有在俄罗斯好

因　素		统计 平均值	标准 偏差
性别	男	1.23	0.128
	女	1.79	0.136
年龄分布	18—21 周岁	1.22	0.129
	22—24 周岁	1.40	0.131
	25—28 周岁	1.85	0.181
成长环境	城市	1.58	0.115
	农村	1.33	0.167
在华学习时间	1 年以内	2.00	0.174
	1—3 年	1.22	0.147
	3 年以上	1.47	0.135

（续表）

因素		统计 平均值	标准 偏差
来华前有无出国留学经历	无	1.57	0.126
	有	1.50	0.171
汉语水平	不会	1.45	0.207
	初级	1.27	0.141
	中级	1.60	0.141
	高级	1.75	0.329
英语水平	初级	2.14	0.508
	中级	1.27	0.089
	高级	1.65	0.146
在华留学期间住宿情况	校内住宿	1.55	0.105
	校外住宿	1.50	0.307

表 5-5　Q9 来中国后我比之前更经常感到疲惫

因素		统计 平均值	标准 偏差
性别	男	2.73	0.252
	女	2.36	0.257
年龄	18—21 周岁	2.56	0.258
	22—24 周岁	2.33	0.347
	25—28 周岁	2.62	0.319
成长环境	城市	2.54	0.200
	农村	2.44	0.444
在华学习时间	1 年以内	2.75	0.411
	1—3 年	2.33	0.411
	3 年以上	2.50	0.232
来华前有无出国留学经历	无	2.57	0.221
	有	2.45	0.320
汉语水平	不会	2.09	0.392
	初级	2.18	0.483

（续表）

因　　素		统计 平均值	标准 偏差
汉语水平	中级	3.00	0.238
	高级	2.25	0.446
英语水平	初级	3.14	0.595
	中级	2.12	0.262
	高级	2.77	0.262
在华留学期间住宿情况	校内住宿	2.63	0.197
	校外住宿	2.00	0.447

表 5 - 6　Q10 在中国我不能掌握我的生活节奏

因　　素		统计 平均值	标准 偏差
性别	男	1.92	0.146
	女	2.76	0.222
年龄	18—21 周岁	2.00	0.198
	22—24 周岁	2.27	0.267
	25—28 周岁	2.73	0.258
成长环境	城市	2.42	0.164
	农村	2.22	0.364
在华学习时间	1 年以内	3.33	0.376
	1—3 年	2.78	0.465
	3 年以上	2.00	0.131
来华前有无出国留学经历	无	2.22	0.194
	有	2.68	0.222
汉语水平	不会	3.36	0.388
	初级	1.73	0.237
	中级	2.44	0.217
	高级	2.00	0.246
英语水平	初级	2.00	0.218
	中级	2.38	0.208

（续表）

因　　素		统计 平均值	标准 偏差
英语水平	高级	2.50	0.262
在华留学期间住宿情况	校内住宿	2.45	0.173
	校外住宿	2.10	0.233

表 5 - 7　Q12 在中国我感觉学习压力很大

因　　素		统计 平均值	标准 偏差
性别	男	1.73	0.180
	女	2.24	0.163
年龄分布	18—21 周岁	1.83	0.185
	22—24 周岁	2.27	0.228
	25—28 周岁	2.00	0.215
成长环境	城市	2.00	0.140
	农村	2.11	0.261
在华学习时间	1 年以内	2.67	0.225
	1—3 年	1.44	0.294
	3 年以上	1.95	0.151
来华前有无出国留学经历	无	2.08	0.152
	有	1.91	0.217
汉语水平	不会	1.55	0.282
	初级	2.00	0.302
	中级	2.16	0.138
	高级	2.17	0.386
英语水平	初级	2.86	0.404
	中级	1.92	0.175
	高级	1.88	0.178
在华留学期间住宿情况	校内住宿	1.92	0.123
	校外住宿	2.50	0.401

（二） 人际压力项目探索性统计分析

表6 人际压力项目探索性统计分析结果

表6-1 Q14 与中国人交谈时难以理解对方的手势或面部表情

因　　　　素		统计 平均值	标准 偏差
性别	男	2.50	0.250
	女	3.09	0.273
年龄分布	18—21 周岁	2.83	0.294
	22—24 周岁	1.73	0.316
	25—28 周岁	3.46	0.273
成长环境	城市	2.94	0.209
	农村	2.22	0.434
在华学习时间	1 年以内	3.67	0.482
	1—3 年	2.56	0.377
	3 年以上	2.63	0.228
来华前有无出国留学经历	无	2.70	0.245
	有	3.05	0.305
汉语水平	不会	3.73	0.359
	初级	1.45	0.157
	中级	3.20	0.294
	高级	2.50	0.399
英语水平	初级	3.14	0.553
	中级	2.65	0.283
	高级	2.92	0.298
在华留学期间住宿情况	校内住宿	2.88	0.212
	校外住宿	2.60	0.452

表6-2 Q15 在中国走在路上被注视时会感到不舒服

因　　　　素		统计 平均值	标准 偏差
性别	男	1.88	0.140
	女	3.03	0.240

（续表）

因　　素		统计 平均值	标准 偏差
年龄分布	18—21 周岁	2.11	0.137
	22—24 周岁	2.13	0.215
	25—28 周岁	3.04	0.316
成长环境	城市	2.54	0.177
	农村	2.44	0.475
在华学习时间	1 年以内	3.17	0.386
	1—3 年	3.11	0.111
	3 年以上	2.18	0.206
来华前有无出国留学经历	无	2.43	0.221
	有	2.68	0.241
汉语水平	不会	2.55	0.413
	初级	1.64	0.152
	中级	2.72	0.268
	高级	2.92	0.358
英语水平	初级	2.14	0.634
	中级	2.23	0.210
	高级	2.92	0.248
在华留学期间住宿情况	校内住宿	2.57	0.182
	校外住宿	2.30	0.396

表 6-3　Q16 感觉消费时卖家试图欺骗自己

因　　素		统计 平均值	标准 偏差
性别	男	2.58	0.216
	女	2.48	0.214
年龄分布	18—21 周岁	2.61	0.315
	22—24 周岁	2.13	0.291
	25—28 周岁	2.69	0.206
成长环境	城市	2.42	0.164
	农村	3.11	0.351

（续表）

因　　素		统计 平均值	标准 偏差
在华学习时间	1 年以内	3.25	0.250
	1—3 年	2.44	0.294
	3 年以上	2.32	0.200
来华前有无出国留学经历	无	2.68	0.190
	有	2.27	0.248
汉语水平	不会	3.09	0.392
	初级	1.82	0.423
	中级	2.64	0.215
	高级	2.42	0.193
英语水平	初级	2.29	0.286
	中级	2.27	0.252
	高级	2.85	0.213
在华留学期间住宿情况	校内住宿	2.63	0.169
	校外住宿	2.00	0.298

表 6-4　Q18 在中国我与他人产生争执的频率更高了

因　　素		统计 平均值	标准 偏差
性别	男	3.00	0.260
	女	2.45	0.190
年龄分布	18—21 周岁	3.06	0.235
	22—24 周岁	2.60	0.306
	25—28 周岁	2.50	0.267
成长环境	城市	2.64	0.166
	农村	3.00	0.500
在华学习时间	1 年以内	2.08	0.288
	1—3 年	2.78	0.278
	3 年以上	2.87	0.214
来华前有无出国留学经历	无	3.00	0.216
	有	2.18	0.182

(续表)

因　　　素		统计 平均值	标准 偏差
汉语水平	不会	2.36	0.432
	初级	2.18	0.263
	中级	3.48	0.201
	高级	1.83	0.207
英语水平	初级	2.71	0.522
	中级	2.65	0.288
	高级	2.73	0.180
在华留学期间住宿情况	校内住宿	2.78	0.168
	校外住宿	2.30	0.448

表 6－5　Q20 在中国我难以与当地人顺畅交流

因　　　素		统计 平均值	标准 偏差
性别	男	2.50	0.325
	女	2.30	0.248
年龄分布	18—21 周岁	1.94	0.308
	22—24 周岁	2.40	0.400
	25—28 周岁	2.69	0.318
成长环境	城市	2.28	0.208
	农村	3.00	0.577
在华学习时间	1 年以内	2.67	0.396
	1—3 年	1.33	0.333
	3 年以上	2.55	0.258
来华前有无出国留学经历	无	2.70	0.265
	有	1.86	0.257
汉语水平	不会	2.09	0.456
	初级	2.45	0.455
	中级	2.92	0.321
	高级	1.50	0.261

（续表）

因　　素		统计 平均值	标准 偏差
英语水平	初级	2.43	0.571
	中级	2.38	0.283
	高级	2.38	0.324
在华留学期间住宿情况	校内住宿	2.49	0.226
	校外住宿	1.90	0.348

表 6‐6　Q23 我喜欢在业余时间多和中国人交往

因　　素		统计 平均值	标准 偏差
性别	男	3.43	0.201
	女	3.18	0.202
年龄	18—21 周岁	3.50	0.167
	22—24 周岁	3.27	0.206
	25—28 周岁	3.15	0.281
成长环境	城市	3.32	0.152
	农村	3.11	0.423
在华学习时间	1 年以内	3.67	0.333
	1—3 年	3.89	0.111
	3 年以上	3.03	0.183
来华前有无出国留学经历	无	3.49	0.176
	有	2.95	0.232
汉语水平	不会	3.55	0.413
	初级	3.00	0.234
	中级	3.20	0.231
	高级	3.50	0.289
英语水平	初级	2.57	0.369
	中级	3.58	0.194
	高级	3.19	0.229
在华留学期间住宿情况	校内住宿	3.29	0.165
	校外住宿	3.30	0.260

（三） 总体分析

依据文化休克核心项目探索性统计分析结果与人际压力项目探索性统计分析结果，可发现调查对象文化休克现象显著的项目与不同因素之间的关系，详见表7、表8。

表7　文化休克核心项目影响因素排序表
表7-1　Q2 想念在俄罗斯的亲友

因　　素	变量排序（按文化休克现象显著程度由高到低依次排列）
性别	男、女
年龄	18—21 周岁、22—24 周岁、25—28 周岁
成长环境	农村、城市
在华学习时间	3 年以上、1—3 年、1 年以内
来华前有无出国留学经历	无、有
汉语水平	初级、中级、不会、高级
英语水平	中级、高级、初级
在华留学期间住宿情况	校外住宿、校内住宿

表7-2　Q6 发现自己难以接受中国文化中的一些事物或现象

因　　素	变量排序（按文化休克现象显著程度由高到低依次排列）
性别	男、女
年龄	22—24 周岁、18—21 周岁、25—28 周岁
成长环境	农村、城市
在华学习时间	1—3 年、3 年以上、1 年以内
来华前有无出国留学经历	有、无
汉语水平	初级、高级、中级、不会
英语水平	中级、初级、高级
在华留学期间住宿情况	校内住宿、校外住宿

表7-3 Q7 在试图适应中国文化环境时曾感到无力

因 素	变量排序（按文化休克现象显著程度由高到低依次排列）
性别	男、女
年龄	22—24周岁、18—21周岁、25—28周岁
成长环境	农村＝城市
在华学习时间	3年以上、1—3年、1年以内
来华前有无出国留学经历	有、无
汉语水平	初级、不会、高级、中级
英语水平	中级、高级、初级
在华留学期间住宿情况	校外住宿、校内住宿

表7-4 Q8 我在中国的胃口没有在俄罗斯好

因 素	变量排序（按文化休克现象显著程度由高到低依次排列）
性别	男、女
年龄	18—21周岁、22—24周岁、25—28周岁
成长环境	农村、城市
在华学习时间	1—3年、3年以上、1年以内
来华前有无出国留学经历	有、无
汉语水平	初级、不会、中级、高级
英语水平	中级、高级、初级
在华留学期间住宿情况	校外住宿、校内住宿

表7-5 Q9 来中国后我比之前更经常感到疲惫

因 素	变量排序（按文化休克现象显著程度由高到低依次排列）
性别	男、女
年龄	18—21周岁、22—24周岁、25—28周岁
成长环境	农村、城市
在华学习时间	1—3年、3年以上、1年以内

因　　素	变量排序（按文化休克现象显著程度由高到低依次排列）
来华前有无出国留学经历	有、无
汉语水平	初级、不会、中级、高级
英语水平	中级、高级、初级
在华留学期间住宿情况	校外住宿、校内住宿

表 7 - 6　Q10 在中国我不能掌握我的生活节奏

因　　素	变量排序（按文化休克现象显著程度由高到低依次排列）
性别	男、女
年龄	18—21 周岁、22—24 周岁、25—28 周岁
成长环境	农村、城市
在华学习时间	3 年以上、1—3 年、1 年以内
来华前有无出国留学经历	无、有
汉语水平	初级、高级、中级、不会
英语水平	初级、中级、高级
在华留学期间住宿情况	校外住宿、校内住宿

表 7 - 7　Q12 在中国我感觉学习压力很大

因　　素	变量排序（按文化休克现象显著程度由高到低依次排列）
性别	男、女
年龄	18—21 周岁、25—28 周岁、22—24 周岁
成长环境	城市、农村
在华学习时间	1—3 年、3 年以上、1 年以内
来华前有无出国留学经历	有、无
汉语水平	不会、初级、中级、高级
英语水平	高级、中级、初级

表 8 人际压力项目影响因素排序表
表 8‐1 Q14 与中国人交谈时难以理解对方的手势或面部表情

因　　　素	变量排序（按文化休克现象显著程度由高到低依次排列）
性别	男、女
年龄	22—24 周岁、18—21 周岁、25—28 周岁
成长环境	农村、城市
在华学习时间	1—3 年、3 年以上、1 年以内
来华前有无出国留学经历	无、有
汉语水平	初级、高级、中级、不会
英语水平	中级、高级、初级
在华留学期间住宿情况	校外住宿、校内住宿

表 8‐2 Q15 在中国走在路上被注视时会感到不舒服

因　　　素	变量排序（按文化休克现象显著程度由高到低依次排列）
性别	男、女
年龄	18—21 周岁、22—24 周岁、25—28 周岁
成长环境	农村、城市
在华学习时间	3 年以上、1—3 年、1 年以内
来华前有无出国留学经历	无、有
汉语水平	初级、不会、中级、高级
英语水平	初级、中级、高级
在华留学期间住宿情况	校外住宿、校内住宿

表 8‐3 Q16 感觉消费时卖家试图欺骗自己

因　　　素	变量排序（按文化休克现象显著程度由高到低依次排列）
性别	女、男
年龄	22—24 周岁、18—21 周岁、25—28 周岁
成长环境	城市、农村

（续表）

因　　　素	变量排序（按文化休克现象显著程度由高到低依次排列）
在华学习时间	3 年以上、1—3 年、1 年以内
来华前有无出国留学经历	有、无
汉语水平	初级、高级、中级、不会
英语水平	中级、初级、高级
在华留学期间住宿情况	校外住宿、校内住宿

表 8-4　Q18 在中国我与他人产生争执的频率更高了

因　　　素	变量排序（按文化休克现象显著程度由高到低依次排列）
性别	女、男
年龄	25—28 周岁、22—24 周岁、18—21 周岁
成长环境	城市、农村
在华学习时间	1 年以内、1—3 年、3 年以上
来华前有无出国留学经历	有、无
汉语水平	高级、初级、不会、中级
英语水平	中级、初级、高级
在华留学期间住宿情况	校外住宿、校内住宿

表 8-5　Q20 在中国我难以与当地人顺畅交流

因　　　素	变量排序（按文化休克现象显著程度由高到低依次排列）
性别	女、男
年龄	18—21 周岁、22—24 周岁、25—28 周岁
成长环境	城市、农村
在华学习时间	1—3 年、3 年以上、1 年以内
来华前有无出国留学经历	有、无
汉语水平	高级、不会、初级、中级
英语水平	中级＝高级、初级
在华留学期间住宿情况	校外住宿、校内住宿

表 8 - 6　Q23 我喜欢在业余时间多和中国人交往

因　　　素	变量排序（按文化休克现象显著程度由高到低依次排列）
性别	男、女
年龄	18—21 周岁、25—28 周岁、22—24 周岁
成长环境	城市、农村
在华学习时间	1—3 年、1 年以内、3 年以上
来华前有无出国留学经历	无、有
汉语水平	不会、高级、中级、初级
英语水平	中级、高级、初级
在华留学期间住宿情况	校外住宿、校内住宿

七、 中俄文化差异分析

为具体分析俄罗斯来华留学生的文化休克现象，作者依照霍夫斯泰德文化维度理论比较各维度中俄文化差异，分析俄罗斯来华留学生群体在哪些方面更容易感受到中国与俄罗斯文化的差异。在差异大的维度中，跨文化适应的难度相对较大，产生文化休克的可能性更大。由此也可得知，相比来自其他国家的学生，俄罗斯来华留学生更容易在哪些方面产生文化休克。

（一） 霍夫斯泰德文化维度理论

荷兰跨文化管理学者、心理学家吉尔特·霍夫斯泰德（Geert Hofstede）提出的文化维度理论，是指可按照权力距离、个体主义与集体主义、阳刚气质与阴柔气质、不确定性规避、长期导向与短期导向、纵容与自制导向六个维度来认识不同文化间的差异，把文化分解成易于辨识的要素特质，"量化"不同文化的差异性。（Geert Hofstede and Geert Jan Hofstede）霍夫斯泰德文化维度理论是跨文化研究的主要理论源泉之一，目前被广泛应用于多种行业的跨文化研究中。

（二） 文化差异分析

作者参照霍夫斯泰德文化维度数值对比中俄文化差异，为了使对比更立体化，选取同为中国石油大学（北京）留学生来源国的北美洲国家美国、东南亚国家越南和非洲国家摩洛哥。

五国文化维度数值统计结果详见表 9。（Dimension Data Matrix）

表 9　五国文化维度数值统计

国家	权力距离指数（pdi）	个体主义指数（idv）	阳刚气质指数（mas）	不确定性规避指数（uai）	长期导向指数（ltowvs）	纵容/自制指数（ivr）
俄罗斯	93	39	36	95	81	20
中国	80	20	66	30	87	24
美国	40	91	62	46	26	68
越南	70	20	40	30	57	35
摩洛哥	70	46	53	68	14	25

根据霍夫斯泰德文化维度理论及具体数值可分析出：

1. 俄罗斯的权力距离指数在五国中最高，意味着相较于其他四国，该国文化体系中社会等级相对更分明，在学校中体现为学生更易接受由教师掌握课堂主动权。俄罗斯权力距离指数与中国的数值差别最小，中俄在这方面文化差异相对较小。而中国与越南、摩洛哥的权力距离指数数值更为接近，这几个国家在这方面的文化差异相对更小。

2. 俄罗斯的个体主义指数比中国的个体主义指数高，意味着俄罗斯文化的个体主义特征相对更突出，更习惯于从个人角度出发思考问题，交流中较少考虑语境；相比社会地位，更重视教育与个人收入和自我价值等个人切身利益的关联；更重视隐私；在面对冲突时相对缺乏维护和谐的意识，更倾向于直言不讳表达个人观点；相比学习具体技能，在教育中的更主要目的是掌握学习方法。中国与越南的个体主义指数数值相同，在这方面文化差异相对较小。

3. 俄罗斯的阳刚气质指数比中国的阳刚气质指数低，意味着相比中国文化，在俄罗斯文化中，相较于追求事业和物质财富，人们更重视生活质量和人与人之间的关系。经对比俄罗斯阳刚气质指数与表中各国家阳刚气质指数，可发现其数值与中国的数值差别最大，中俄在这方面文化差异相对较大。而中国与美国的阳刚气质指数数值接近，在这方面文化差异相对较小。

4. 俄罗斯的不确定性规避指数在五国中最高，意味着俄罗斯文化对于模糊的、不确定的事更难以接受，需要制定规章制度来减少社会的不确定性，对反常行为相对不宽容。经对比，俄罗斯不确定性规避指数与中国的数值差别最大，中俄在这方面文化差异相对较大。而中国与越南的不确定性规避指数数值相同，中越两国在这方面文化差异相对较小。

5. 俄罗斯的长期导向指数比中国的长期导向指数低，意味着相比中国文化，在俄罗斯文化体系中，人们更习惯直入主题、就事论事，再拓展到其他内容。俄罗斯长期导向指数与中国的数值差别最小，中俄在这方面文化差异相对较小。

6. 俄罗斯的纵容/自制指数比中国的纵容/自制指数低，意味着相比中国文化，俄罗斯文化更不重视享乐，更容易记住消极情绪，更有悲观的倾向，微笑不是常态，性别角色更严格分明，道德约束更严格。经对比俄罗斯纵容/自制指数与表中各国家纵容/自制指数的差别，可发现其数值与中国的数值差别最小，中俄在这方面文化差异相对较小。而中国与摩洛哥的纵容/自制指数数值更接近，在这方面文化差异相对更小。

总体看来，俄罗斯同中国的文化既有差异又有共同点，同时不同维度中俄文化差异有较明显的对比，有的维度的文化差异很大，有的维度的文化差异很小。

八、 对策建议

结合问卷调查数据分析结果、文化维度分析结果、访谈结果及日常工作中的现实经验，提出改善来华俄罗斯留学生文化休克问题的对策建议，并将对策建议分为两类——适用于各国来华留学生文化休克问题的普遍性对策和针对俄罗斯来华留学生的特殊性对策：

（一） 适用于各国来华留学生文化休克问题的普遍性对策

1. 做好学前提醒

在录取材料中附上温馨提示，备注新生来中国需要注意什么，做好哪些物资上和心理上的准备。

向未报到新生发送有中英双语字幕的视频资料，介绍关于来校报到流程、在华学习生活注意事项、学生活动等内容。

2. 摸清新生情况

在新生初入学阶段通过浏览报考材料、基本情况问卷调查、入学教育、文体活动、一对一深度辅导等方式了解不同学生的具体情况及学生在入学之初有哪些困难，帮助学生解决生活中的困难，积极回应关切。应特别关注初次留学，尤其是初次来华留学新生的状态及表现。

3. 开展跨文化交际教育

向来华留学生介绍中国法律法规、校纪校规、国情校情、中华优秀传统文化和风俗习惯等内容的同时，将跨文化交际内容融入其中。也可组织不同文化背景的师生参与跨文化交际专题教育。

根据不同学生的汉语水平，用不同资料向其宣传中国文化，便于学生在汉语水平有限的情况下也能了解学习中国文化，反过来促进其汉语学习。

可让学生通过阅读书籍、观看影视作品等多种方式加强学生的非言语交际理解力，使学生突破交际定势，客观全面地理解具体情境，灵活采用多种方式提高社交技能。

4. 培养时间规划能力

开学时组织学生结合校历、课程表学习了解学校的时间安排，向学生普及时间规划知识，建议学生每学期提早制定计划和目标，跟进后续计划实施情况。让学生了解在中国高校学习强度的前提下，在平日养成自习习惯。

可为学生组织学风讲座和培养良好学习习惯的专题工作坊，设置鼓励机制，让学生从思想上意识到应自觉合理安排自己的生活，努力学习。

5. 明确汉语学习要求

向来华留学生强调汉语对于在中国的学习生活及未来发展的重要性，明确汉语学习要求，利用汉语角活动、汉字大赛、汉语比赛等与汉语相关活动吸引学生学习汉语的兴趣，提升其语言能力。

6. 组织开展丰富的文体活动

组织来华留学生参加公益活动、中国重大节日的庆祝活动、文化活动、体育赛事、技能培训、学术交流等课外活动。通过参加丰富多彩的课余活动，如武术大赛、汉语配音大赛、参观中国名胜古迹、志愿赴小学宣讲等，可以增进学生对中国文化全方位、立体化的认识，培养自身才艺，结交中外朋友，增强其融入感。同时组织国际文化节、国际美食交流活动、特色运动项目赛事等活动，为学生提供在中国展示本国文化的平台。

7. 帮助弥补基础短板

为基础知识不扎实、学习有困难的来华留学生安排课下辅导环节。组织学习方法分享沙龙，让学习能力较强留学生启发其他留学生，起到示范作用。

8. 建设各国留学生组织

发挥在华时间较长、具备较强语言和社交能力留学生的作用，鼓励引导学生合规建立各国留学生组织，增进同胞间的凝聚力，让学生在异国增加归属感。

9. 丰富交流方式

可建立线上"知心信箱"，收集学生的各类问题，定期予以答复。在尊重学生隐私的同时，利用网络为其答疑。如遇到高校留学生管理人员不清楚如何解答的问题，可收集好再去咨询有关专业人士。可将每年的问题汇集整理，进行相应总结，结合实际改进来华留学生教育和管理工作。

10. 校内校外联动

高校可定期组织家访活动，到校外住宿学生家中探访，了解学生居住情况，询问在校外生活中有没有困难；与学生居住社区建立校园社区联动机制，关注校外学生生活状况。

11. 利用技术手段

向学生普及翻译软件、网购、快递等使用方法，使学生自己学会处理生活中的问题，提升生活能力，增强其在华生活信心。

（二） 针对俄罗斯来华留学生文化休克问题的特殊性对策

1. 对调查对象部分文化休克现象的分析

（1）Q2 想念在俄罗斯的亲友

调查对象年龄越低，越想念在俄罗斯的亲友。18—21 周岁年龄段学生的表现最为显著。该年龄段学生仍处于青春期，初次到异国他乡生活，而且大多学生是初次离开父母独立生活。

（2）Q6 发现自己难以接受中国文化中的一些事物或现象

汉语初级水平的调查对象在这方面的文化休克现象最显著。在汉语达到初级水平时，学生已具备了用汉语与人进行简单交流，理解中国文化的基本能力。但汉语水平有限，会影响到学生对中国文化的正确理解。

校内住宿调查对象在这方面的文化休克现象更显著。校内住宿学生的学习和生活场所都在校园中，一些学生除了去超市购物，很少主动离开校园去其他场所。相较于校外住宿学生，校内住宿学生的生活环境相对单一。

（3）Q7 在试图适应中国文化环境时曾感到无力

在华学习时间 3 年以上的调查对象在这方面的文化休克现象最为显著。相比短期项目学生，长期在华留学学生有更多机会经历文化休克的不同阶段，更可能体会过适应文化环境的无力感，如适应中国高校作息时间、适应中国高校考试方式、适应在中国乘坐交通工具等。

（4）Q9 来中国后我比之前更经常感到疲惫

不会汉语的调查对象在这方面的文化休克现象最为显著。不会汉语的调查对象主要为刚入学的英文授课项目学生。该类学生来华之初需要面对生活与学习中较多需要适应的问题，语言障碍会使他们更难适应来华生活。

（5）Q10 在中国我不能掌握我的生活节奏

年龄在 18—21 周岁的调查对象在这方面的文化休克现象最为显著。主要体现为：作息不规律；课业繁重，难以及时掌握当天学习的内容；在分配学习和休息的时间上存在一定困扰。

（6）Q18 在中国我与他人产生争执的频率更高了

调查对象在华期间有机会接触到中国人及其他国家留学生。不同国籍留学生经常在一个多元文化环境中共同学习生活。不同文化产生碰撞的过程中，也有着增加摩擦的可能。

2. 针对来华俄罗斯留学生文化休克问题的特殊性对策

（1）让新入学俄罗斯来华留学生初步了解两国文化差异：如饮食习惯、节假日安排等。向学生提前介绍一些在具体交际中才能发现的差别，如两国思维导向差别：中国人倾向于从外围切入，把事情的前因后果了解、解释清楚后再谈正事；俄罗斯人习惯直奔主题、就事论事，说完正事再拓展其他内容。也应向俄罗斯来华留学生普及"面子"在中国人际交往中的意义，使持"直言不讳地表达自己想法是正直的体现"价值观的俄罗斯学生能提前对中国的交际环境有心理准备。

（2）俄罗斯来华留学生对室内供暖较为在意，按照俄罗斯礼仪，冬季在教室内上课时通常不穿外套，外套要统一寄存在更衣处或放在教室内空座位上。国内高校应结合实际供暖条件，提醒学生根据实际情况注意保暖，也要了解所在城市的供暖时段，及时增减衣物。

（3）在俄罗斯中学及大学，学生通常到早上九点才上课，只有较短午餐时间，没有午睡时间。可建议学生合理利用中午时间，做一些复习和预习工作。

（4）俄罗斯学生对中国学校食堂的环境和菜品难以适应，认为中餐较油腻，习惯自己做饭。俄罗斯学生喜欢将烤面包作为主食，如有条件可在厨房配备公共烤箱。

（5）部分俄罗斯学生有不同宗教信仰。如学生有参加宗教活动的需求，高校老师可了解情况后协助学生咨询当地民族宗教事务局，向学生普及有关法律，要求学生遵守法律法规。

（6）在俄罗斯文化中，只有真正快乐时才会露出笑容，商场售货员、空乘人员不会面带微笑服务。高校老师可提醒学生，在中国，服务人员笑着推销产品并不意味着有什么异常情况。

（7）英语在俄罗斯的普及度有限，近年来才变得越来越普及。部分初来中国学习的俄罗斯学生英语基础有限，也不会汉语。可为学生提供简单的俄语办事指南，指导学生办理报到、签证等手续。

（8）俄罗斯人的外貌比较符合中国人的审美，很多商业机构喜欢招募俄罗斯籍年轻人做模特、外教，俄罗斯来华留学生面临的潜在非法就业机会相对较多。高校老师应注意防范俄罗斯来华留学生，持学习类居留许可非法打工的情况。

（9）在俄罗斯高校教学中会将讲课与研讨交叉安排，研讨课的气氛相对活跃，启发式教学内容较多。俄罗斯学生认为以单纯讲授为主的专业课课堂气氛不够活跃，参与感弱。高校老师可对比中俄两国教育的差别，建议学生入乡随俗，结合上课内容思考，课下和任课老师交流。

（10）俄罗斯领土横跨欧亚大陆、有 140 多个民族。俄罗斯来华留学生民族不同、宗教信仰不同、区域不同。处理不同文化背景的俄罗斯籍学生的文化休克问题时，应考虑其具体情况。

九、 结论

  俄罗斯来华留学生的跨文化适应过程受到多方面因素的影响，难以寻找到通用的解决方案。随着中俄全面战略协作伙伴关系进入新时代，中俄在各领域的合作取得了丰硕成果，中俄两国人文教育交流也越来越深入。越来越多的俄罗斯学生把中国作为留学目的地。选择来中国石油大学（北京）就读的俄罗斯籍学生，大多为了学习石油行业相关专业知识。在这一背景下，高校应重视对俄罗斯来华留学生的跨文化适应教育及其文化休克现象的研究，做好文化导入，全方位保障俄罗斯来华留学生在华学习生活的顺利开展，帮助留学生克服文化休克现象，在完成学业的同时，适应在中国的生活，加深对中国的了解，培养对中国的感情。

参考文献

1 别尔嘉耶夫：《俄罗斯的命运》，北京：北京联合出版公司，2014 年。

2 霍夫斯泰德：《文化与组织：心理软件的力量（第二版）》，李原、孙健敏译，中国人民大学出版社，2010 年。

3 吴克礼：《当代俄罗斯社会与文化》，上海：上海外语教育出版社，2001 年。

4 中华人民共和国教育部："2003 年全国来华留学统计年鉴"，2004 年 2 月 6 日，https://www.moe.gov.cn/srcsite/A20/moe_850/200402/t20040206_77826.html。

5 中华人民共和国教育部："2011 年全国来华留学生数据统计"，2012 年 2 月 28 日，https://www.moe.gov.cn/jyb_xwfb/gzdt_gzdt/s5987/201202/t20120228_131117.html。

6 中华人民共和国教育部："2018 年来华留学统计"，2019 年 4 月 12 日，https://www.moe.gov.cn/jyb_xwfb/gzdt_gzdt/s5987/201904/t20190412_377692.html。

7 Dimension Data Matrix. "Geert Hofstede site CV work life theory 6 dimensions of culture Gert Jan", December 8, 2013, https://geerthofstede.com/research-and-vsm/dimension-data-matrix/.

8 Hofstede, Geert H., Gert Jan Hofstede, and Michael Minkov. *Cultures and Organizations*: *Software of the Mind*. *Vol. 2*. New York: Mcgraw-Hill, 2005.

9 Шолохов И. А. *Психологические особенности адаптации учащейся молодежи за рубежом*. Москва: МГПУ, 2002.

10 Mumford, D. B. "The measurement of culture shock." *Social Psychiatry & Psychiatric Epidemiology*, 33.4 (1998): 149-154.

11 Oberg, Kalervo. "Cultural shock: Adjustment to new cultural environments." *Practical anthropology* 4 (1960): 177-182.

12 Pantelidou, Stella, and Tom KJ Craig. "Culture shock and social support: a survey in Greek migrant students." *Social Psychiatry & Psychiatric Epidemiology*, 41.10 (2006): 777-781.

新时期高校国际学生管理服务
信息化建设的思考

杨 雪　王佳怡　苏 力　翁敬农*

摘要： 作为来华留学管理服务工作的重要抓手，信息技术和信息化管理在整合高校内外部资源、提高管理服务效率和效益、提升管理服务质量的过程中发挥着重要作用。教育部印发的《来华留学生高等教育质量规范（试行）》中特别提到，高等学校应当积极运用信息技术，加强来华留学生教育管理和服务的信息化建设，提升业务信息化水平。

　　论文围绕目前高校来华留学生信息管理系统建设存在的数据规范不一、信息共享弱、各模块和子系统功能协同不够以及"重建设、轻维护"等主要问题，提出了"高起点、高标准"促进信息互联互通的建设思路，讨论了信息化建设的实施策略，从加强信息化建设顶层规划、促进融合培养与趋同管理、支撑校院两级和多校区办学以及提升信息系统建设与管理理念等方面提出了思考和建议。

关键词： 国际学生　信息管理　信息化

Abstract： As a key means of the international students management and service, information technology and information management play an important role in integrating the internal and external resources of universities, promoting the efficiency, producing more benefits, and improving the quality of international students management and service. It is specially mentioned in the *Higher Education Quality Standard for International Students in China（Trial）* issued by the Chinese Ministry of Education that higher education institutions should actively use information technology to strengthen the information construction of international students education management and service and improve the level of management and service informatization in China.

This paper analyzed the existing main problems in present international student information management system construction, such as non-uniform data specifications, weak information sharing, lack of synergistic functions among the system modules and

---

* 杨雪，北京航空航天大学国际学院助理研究员，研究方向为来华留学教育管理研究。
王佳怡，北京航空航天大学国际学院硕士研究生，研究方向为来华留学生教学管理研究。
苏力，北京航空航天大学国际学院助理研究员，研究方向为来华留学政策研究。
翁敬农，北京航空航天大学国际学院院长、教授，研究方向为来华留学教育管理研究。

neglect of maintenance; put forward the construction idea of promoting information interconnection and communication with high-level standard; and discussed the strategy of information construction and related suggestions in the aspects of strengthening top-level information construction planning, promoting the integrated cultivation and convergent management, supporting two-level administration system and multi-campus model in universities, and improving information construction and management concept.

Key Words：international students, information management, informationization

一、引言

作为中国教育对外开放的重要组成部分，来华留学教育经过多年的快速发展，目前已进入提质增效的新发展阶段。从扩大规模到提质增效，是新时代来华留学教育实现高质量与更具国际竞争力发展要完成的历史转型。（两言）作为来华留学管理服务工作的重要抓手，信息技术和信息化管理在整合高校内外部资源、提高管理服务效率和效益、提升管理服务质量的过程中发挥着重要作用。2018年教育部印发的《来华留学生高等教育质量规范（试行）》中特别提到，高等学校应当积极运用信息技术，加强来华留学生教育管理和服务的信息化建设，提升业务信息化水平。（中华人民共和国教育部）随着高校来华留学进入提质增效的历史发展新时期，来华留学生管理服务面临许多新机遇和新挑战，本文基于对现状的调研分析，探讨新时期高校来华留学生信息化建设的新思路和新举措。

二、高校来华留学生信息化建设的主要问题

近年来，高校来华留学生规模不断增长，生源结构不断丰富。为了满足快速发展的来华留学管理服务工作的需要，大部分高校的留学生归口管理部门都建设了本校的来华留学生信息系统，提高了部门工作效率和管理水平，基本满足行政办公管理和学生管理等方面的需求。高校来华留学生信息化建设在技术、数据、人员、硬件、应用环境等多个方面已积累了一定的基础。

高校来华留学生信息化建设目前存在的问题主要包括：

（一）缺乏统一的数据规范

各高校留学生归口管理部门依据各自业务需求单独建设和管理来华留学生信息系统，缺乏统一的建设标准和数据规范，建设水平和使用能力各异，不利于全国来华留学生信息的集成，不利于高校之间留学生信息的数据共享。随着留学生规模不断扩大，留学生管理服务的复杂性不断提升，留学生信息管理系统的更新往往不能快速响应各校留学生管理服务需求的变化。

（二） 信息孤岛问题比较严重

中外学生趋同化管理成为当前来华留学教育管理的发展方向之一，但由于缺乏科学设计、整体规划，原有的独立、封闭的来华留学生信息管理系统与校内专业学院、各职能部门之间不能实现方便快捷的信息连通和数据共享，各部门之间数据标准不一，对接工作效率低下，不能很好地适应来华留学发展的需要。

（三） 队伍建设滞后于发展需要

负责高校来华留学生信息化工作的专业人员不足，信息化建设缺乏长效性和科学性。各校普遍缺少专人负责留学生信息化建设的总体规划和运行，往往仅限于日常使用维护。在使用维护中，缺乏有效工作机制，容易造成数据缺失、更新不及时等，工作人员整体信息化素养不高，来华留学信息化建设缺乏长远的整体规划和明确的实施路线。

三、 高校来华留学生信息化建设的总体思路

通过对高校来华留学管理服务信息化工作现状与问题的分析，本文认为，要进一步提升来华留学管理服务工作水平，高校来华留学生信息化建设须本着"高起点、高标准"的信息互联互通的建设思路。其中，信息连通对高校来华留学生信息化建设至关重要。对于高校层面而言，信息互联互通包含纵向和横向两个维度。

"纵向连通"，即指从国家教育主管部门到省市级教育行政部门，再到各高校的多层级来华留学生信息连通。通过多层级的信息通道，形成"自下而上"的留学生信息管理汇总和"自顶向下"的留学生权威政策及业务数据发布的双向通道。同时，"纵向连通"的信息通道，也便于利用大数据等技术为来华留学高等教育的精细管理和科学决策提供有力支撑。

教育部主持的"全国来华留学信息管理平台"建设的主要目标，正是为了实现全国来华留学生信息的分级管理、高效集成与实时共享。在平台建设和使用过程中，高校如何将全国"平台"与自身已有来华留学生信息管理系统进行业务流程对接和数据交换等，在系统级别真正实现信息的高效纵向连通，也成为来华留学生信息化工作需研究的新课题。

"横向连通"，即指高校内各职能部门、专业学院之间的留学生信息连通，主要包括留学生的招生录取、教学培养、日常服务管理、学生活动、毕业离校等各类数据，形成留学生信息多向互连。

针对上述分析的高校信息化建设中存在的问题，如分批、多头建设管理，多个系统之间数据标准不一，因而无法实现校内信息互通共享等，目前一些高校采用了校级数据中心的管理模式，从各职能部门和专业学院读取和同步数据。来华留学生管理服务也作为一个数据接入点，数据经过校级数据中心整合处理，再进行二次分发，提供

给各职能部门和专业学院使用。通过这种模式，校级数据中心起到了中继站的作用，校内信息的"横向连通"已见成效。不断提高各部门业务系统接入点的入口数据质量以及数据中心集成后的出口数据质量，提高各部门数据的共享率，是实现校内信息"横向连通"的重要保障。

四、高校来华留学生信息化建设的实施策略

要实现来华留学生信息连通，在高校管理层面，我们建议从以下几个方面实施高校来华留学生管理服务信息化建设：

第一，纳入学校发展整体规划，强化高校信息化建设顶层设计。高校信息化主管部门统筹制定符合校情实际、通盘把握、着眼长远、科学合理的校园信息化建设规划，牵头有效建立面向数据资源的分级分类综合管理机制、多部门协同联席机制和师生使用评价反馈机制。（周南平、贾佳）随着中国高校国际化进程的不断深入，来华留学生已经成为高校学生的重要组成部分，应当将来华留学生管理服务工作纳入学校国际化发展整体战略之中，并通过加强顶层设计，将来华留学生管理服务信息化建设工作体现在学校各项信息化建设的具体实施中。例如：学生教务管理系统、图书馆电子文献数据库查阅、校园生活资助服务系统等校级信息管理系统的中英文版本的同步建设、来华留学生管理服务相关数据流程与工作流程与校内其他各职能部门相关数据流程与工作流程的有效整合等。全盘考虑和统筹布局来华留学信息化建设，既有助于来华留学管理服务工作在学校总体工作框架下的顺利实施，也有助于学校国际化和信息化工作的整体规划与发展。

第二，积极适应学校高质量内涵式发展新要求，助力中外学生融合培养与趋同管理。随着我国高等教育内涵式发展的"双一流"建设的全面推进，建立校院两级管理的高校内部治理模式和多校区办学的高校发展规划布局成为很多高校在发展建设中探索和实践的新课题。在建立校院两级运行体系方面，需要降低管理重心，提高学院治理能力。（周光礼 35）多校区办学的管理模式通常要解决管理跨度大、管理成本高、资源整合程度不够、管理效率相对较低等问题。（杨城欢 153）无论是校院两级运行系统的建立，还是多校区办学的发展模式，中外学生融合培养与趋同管理已成为高校在人才培养实践层面的必然选择和发展趋势。来华留学生管理服务信息化建设应积极适应高校发展新要求，首先实现中外学生信息资源的有效共享，搭建信息平台，打通沟通壁垒。通过建立信息通道，有助于学校合理分解和下放留学生管理服务职权，也有利于推动学校各专业学院、各职能部门充分履行其相应的留学生培养和管理服务职能，为校院两级运行、多校区办学、中外学生融合培养与趋同管理提供实践技术层面的有力支撑。

第三、充分认识来华留学生特点，实现差异化个性化服务。趋同化管理并不等于同一化管理。在努力推进中外学生融合培养与趋同管理的同时，也应当认识到，相比于中国学生，来华留学生具有国际学生身份的双重性、群体结构的多样性、生活环境

的分散化以及培养目标的外交属性等特点。（徐嘉璐、窦道阳 123）因此，其信息的数据内容本身以及信息的采集、处理、使用、存储等业务环节，具有一定的特殊性，需要进行差异化管理，这种差异化管理也在来华留学生管理服务工作中具有其必要性和重要性。在信息系统建设过程中，应从数据、流程、交互界面等多个层面，充分识别和考虑这种特殊性，从而在统筹学校信息化建设过程中，在坚持趋同化管理大原则的同时，努力实现对留学生的差异化管理和个性化服务，不断提升留学生管理服务质量。

第四，与管理理念相结合，建立科学工作机制，加强人员队伍建设。信息技术及信息系统只有通过在实际工作中的合理使用和科学分工，才能充分发挥其作用。在中外学生融合培养与趋同管理的发展趋势下，高校来华留学生管理服务工作几乎涉及全校所有专业学院和职能部门，应结合来华留学管理服务信息系统建设，转变传统工作方法、优化业务流程、改进管理方法和组织方式。加强来华留学管理服务信息化工作人员的专业技能培训，有计划地培养技术和管理人才，注重组建专业人才队伍，为高校来华留学生管理服务信息化建设提供智力支持。同时，通过学校层面的统筹、协调、组织，以信息系统为平台，加强校内各专业学院、职能部门的业务交流，在高校管理中广泛提升"信息化素养"，使来华留学管理服务信息系统成为提高管理服务工作效率和质量的有力工具。

五、结束语

高校来华留学生管理服务信息化建设是高校信息化整体建设的重要组成部分，也是信息时代来华留学教育教学实现高质量发展目标的利器。新时期高校来华留学生管理服务信息化建设要充分利用网络及信息技术快速发展带来的便利，积极响应国家来华教育事业、高校整体发展及来华留学管理服务的新要求，构建信息连通平台，不断解决发展中带来的问题，为持续提高来华留学管理服务质量提供更加有力的支撑。

参考文献

1 两言："打造更具国际竞争力的来华留学教育"，《神州学人》，2019 年第 8 期，https://www.chisa.edu.cn/rmtdata/hqjy/201908/t20190820_254050.html。

2 徐嘉璐、窦道阳："高校来华留学管理的定位思考与实施路径"，《教育现代化》，2019 年第 34 期，第 123—125 页。

3 杨城欢："高校多校区办学管理问题与解决途径的探析"，《吉林省教育学院学报》，2018 年第 10 期，第 152—154 页。

4 周光礼："大学校院两级运行的制度逻辑：国际经验与中国探索"，《高等教育研究》，2019 年第 8 期，第 35 页。

5 中华人民共和国教育部："教育部关于印发《来华留学生高等教育质量规范（试行）》的通知，2018 年 10 月 9 日，https://www.moe.gov.cn/srcsite/A20/moe_850/201810/W020181015369336301731.doc。

6 周南平、贾佳："大数据背景下的高校信息化建设路径研究"，《中国电化教育》，2018 年第 9 期，第 78—79 页。

国际学生教育管理研究现状、热点及趋势

王俞苹　栾凤池 *

摘要： 本文基于万方数据库和中国知网（CNKI）期刊检索数据，对来华留学教育管理研究的年度发文量、关键词、作者、研究机构、刊载来源等进行分析，从可视化的角度对1949—2019年我国来华留学生教育管理方面的研究成果进行梳理。来华留学生教育管理研究呈现出3个特点：成果数量由少到多，研究力度仍然较小；成果高度集中于"科教文医"领域；研究机构百家争鸣，研究方式以自发性研究为主。对关键词进行统计分析，得到了以"教育教学""文化差异适应"和"管理模式"为主题的3个热点研究"关键词丛"。来华留学生教育管理研究的未来趋势向好，研究成果更加丰富，学科领域更加广泛，跨区域合作研究增多，研究内容更加精细。

关 键 词： 来华留学生　教育管理　研究热点　未来趋势

Abstract： Based on Wanfang database and CNKI journal retrieval database, the paper analyzes the annual number of published articles, keywords, authors, research institutions, publication sources, etc. of international student education management research results, and from a visual perspective combs research achievements in education and management of overseas Chinese students from 1949 to 2019. The study of education management for international students in China presents three characteristics： the number of results is from small to large, and the research intensity is still small； the results are highly concentrated in the field of science, education, culture and medicine； there are hundreds of research institutions contending, and the research method is mainly spontaneous research. Through statistical analysis of keywords, we have obtained three hotspot research "keyword clusters" with the theme of "education and teaching", "cultural differences adaptation" and "management model". The future trend of education management research for foreign students in China is great, the research results are more abundant, the subject areas are more extensive, cross-regional cooperative research is increasing, and the research content is more refined.

* 王俞苹，中国石油大学（华东）马克思主义学院高等教育学专业硕士研究生，研究方向为来华留学生教育管理。
栾凤池，中国石油大学（华东）国际教育学院院长，博士，研究员，硕士生导师，研究方向为来华留学生教育管理。

Key Words：international students in China，education management，research hotspots，future trends

从 1951 年清华大学招收的来自 5 国的 33 名来华留学生，到 2018 年就读于 1 004 所高校的来自 196 个国家和地区的 49.22 万名来华留学生，伴随着我国来华留学生数量规模的扩大，来华留学生教育管理问题为越来越多的学者和一线工作者所关注。近 70 年时间里，我国来华留学生事业经历了缓慢起步、稳步调整和快速发展三个阶段，迄今已构建成为规模庞大、学科齐全、层次全覆盖、模式多样、面向全球的现代化国际教育体系。（栾凤池、王俞苹和陈伟）这与广大学者和来华留学教育管理一线工作者所付出的努力密不可分。从 1994 年开始，国内围绕来华留学教育事业教育管理、体系机制等议题，产出了一批以教育管理实践为基础的研究成果，极大地丰富了我国来华留学生教育管理经验。对这些研究成果进行分析，一可总览我国学者在探索来华留学教育管理方面的研究历程，二可把握当前的研究现状和热点问题，并对未来可能的研究热点做出趋势预测，三可为"打造更具国际竞争力的来华留学教育"的相关研究提供参考和借鉴，具有重要现实意义。

一、 研究方法概述

（一） 研究样本的选择与相关文献分析

本研究使用万方数据库对国内关于来华留学生教育管理的研究进行文献检索，资源类型为"期刊论文"，主题词为"来华留学生教育管理"，检索方式为"模糊检索"，时间区间设为 1949—2019 年，检索可得 319 条结果。（检索时间为 2019 年 10 月 10 日。）319 篇期刊论文占所有资源类型（包括期刊论文、学位论文、会议论文）总量的 82.01%，基金项目占比 10.3%。收录于北大《中文核心期刊要目总览》（北大核心）和中文社会科学引文索引（CSSCI）的期刊数量为 51 篇，占总样本数量的 15.9%，可看出来华留学教育管理研究的质量较高。

截至检索时间，最新发表的文章是上海交通大学农业与生物学院刘娇月、王丹合写的"'一带一路'国家来华留学生的教育服务战略研究"，同时也是中国高等教育学会外国留学生教育管理分会"来华留学生服务'一带一路'倡议研究"科学研究课题的项目成果，发表于《教育教学论坛》（*Education Teaching Forum*）2019 年 9 月第 39 期"教师观点"栏目。最早发表的文章是北京语言学院副研究员、全国高校外国留学生教育管理学会副秘书长金晓达所写的"市场经济的共性与来华留学生教育管理新体制"，刊载于《中国高教研究》（*China Higher Education Research*）1994 年第 6 期。被引量最高的文章是沈阳师范大学国际教育学院袁慧发表于《太原城市职业技术学院学报》2005 年第 1 期的"从跨文化交际理论看如何提高留学生的适应能力"，被引次数为 43 次。下载量最高的文章是北京科技大学高校学生事务研究中心彭庆红、李慧琳发表在《现代大学教育》（*Modern University Education*）2013 年第 1 期的"高校来华留学生事务现行管理模式分析与分层管理模式探索"，下载量为 149 次。

（二） 数据补充检验

本研究在中国知网（CNKI）补充查询相关数据来观察国内来华留学生教育管理研究现状，以印证万方数据库检索数据。通过模糊检索主题词"来华留学生教育管理"，年限设置为 1949 年至今，在知网索引数据库中得到 342 篇相关文献（检索时间为 2019 年 10 月 10 日），与万方数据库收录的文献数量相差不大。收录于北大《中文核心期刊要目总览》（北大核心）和中文社会科学引文索引（CSSCI）的期刊数量为 64 篇，占总文献数量的 18.7%，被优质期刊收录的文章数量略高于万方数据库。基金项目占比 4.7%，多为国家级（国家自然科学基金 3 项，全国教育科学规划项目 5 项等）、省级（浙江省教委科研基金 2 项，江苏省自然科学基金 1 项）重大项目课题，占比低但级别较高。

截至检索日期，知网收录的最新文献为南京理工大学高等教育学专业比较教育学研究方向的硕士研究生陈慧慧在《科教文汇》（上旬刊）2019 年第 8 期"教育管理"栏目发表的"新世纪来华留学生教育管理研究述评"，该文章同时是中央高校基本科研业务费专项资金资助（30918014116）项目成果。最早发表的文章与万方数据库检索结果一致。但是，被引量最高的文章①和下载量最高的文章②与万方数据库检索结果有所出入。因索引库收录数据不完全一致造成的差异，不影响本文的研究过程和结果，故忽略不计。

二、 来华留学生教育管理研究现状

（一） 从无到有，由少到多，研究力度仍然较小

我国来华留学教育事业开始于 1951 年，经历了缓慢起步、平稳发展、快速发展 3 个阶段，但就期刊统计情况来看，国内对来华留学生教育管理的研究起步较晚，直到 1994 年才出现发表在期刊上的正式研究成果，经历了一个从无到有、由少到多的过程。

以 2009 年为分界点，2009 年之前相关文章年度发表量低于 5 篇，最高为 4 篇（2006 年），最低为 0 篇（1997—1999 年），年均发文量为 1.6 篇，此阶段为研究"低迷期"。2009 年之后相关文章年度发表量高于 10 篇，最高为 48 篇（2017 年），最低为 12 篇（2012 年），年均发文量为 26.8 篇，此阶段为研究"繁荣期"。此结果契合了学者刘宝存在我国来华留学政策的变迁研究中的观点，刘宝存基于历史制度主义的视角将我国来华留学政策的历史演进分为 5 个阶段，他认为，2009 年以前是我国来华留学政策的起步探索、规范建设、适应调整、完善发展阶段。受外交、经济、政治、留学规模

---

① 教育部国际合作与交流司来华处处长胡志平发表于《中国高教研究》2000 年第 3 期的"大力发展来华留学生教育 提高我国高校国际交流水平"，被引次数为 99 次。
② 武汉理工大学国际交流与合作处助理研究员宋卫红发表在《高等教育研究》2013 年第 6 期的"高校留学生教育管理的问题与对策"，下载量为 2 708 次。

等多因素影响，这一时期来华留学教育研究规模较小，成果较少。而 2009 年至今是来华留学政策的提升创新阶段，这一阶段我国几大重要文本和规划纷纷出台，"2010 年《国家中长期教育改革和发展规划纲要（2010—2020 年）》（以下简称《纲要》）以及《留学中国计划》的颁布，标志着我国来华留学教育政策进入提升创新的新时期。紧接着，到了 2016 年，《关于做好新时期教育对外开放工作的若干意见》以及《推进共建"一带一路"教育行动》的相继颁布，推动我国来华留学教育政策进入繁荣发展的新阶段。《中国教育现代化 2035》进一步强调要实施留学中国计划，建立并完善来华留学教育质量保障机制，全面提升来华留学质量。"（刘宝存、彭婵娟）这些政策和规划指明了来华留学工作的新方向，从事留学生教育管理研究的学者在一系列政策背景变迁下纷纷进行教育研究，形成了"百花齐放"的繁荣局面。

此外，为了了解国内学界对于上位议题的研究情况，本研究检索了题目包含"教育管理"但不含"来华留学生教育管理"的相关文献，得到 19 171 篇文章，发现"教育管理"是热门研究话题，研究成果数以万计，1994—2018 年年均增长率为 25.1%，增速快，数量级较高，大体呈逐年递增的趋势，其中最高发文年份为 2018 年（1 899篇）。与"教育管理"相关文献的检索结果进行宏观比对，发现我国学者针对来华留学生进行的教育管理研究力度仍然较小。

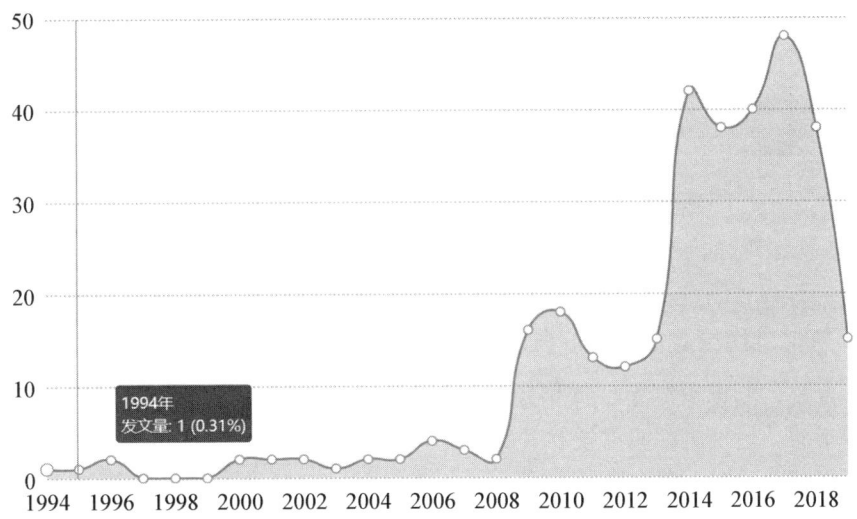

图 1　来华留学生教育管理相关文献发表年度情况

（二）涉及学科领域广，高度集中于"科教文医"领域

从学科领域来看，涉及"文化、科学、教育、体育""语言、文字""医药、卫生""哲学、宗教""社会科学总论""政治、法律""生物科学"和"农业科学"8 个研究领域，排名前三的学科领域分别是"文化、科学、教育、体育""语言、文字"和"医

药、卫生"，其中，"文化、科学、教育、体育"学科领域"一家独大"，绝大部分文献（170篇）均来源于此，占相关文献总量的92.39%，在该学科领域的170篇文章中，有166篇文章涉及教育学科研究议题（教育学、教育心理学、教育管理、教师与学生），具有绝对的数量和专业优势。其次是"语言、文字"领域（4篇）和"医药、卫生"领域（4篇），均占比2.18%。研究成果之所以集中于以上3个领域，其一是来华留学生专业选择偏好，留学生更倾向于选择汉语言等具有中国特色的专业和文科专业。学者方宝等人在高等教育来华留学生的变化趋势研究中指出，近十五年来汉语言专业留学生占据了来华留学生总体的"半壁江山"，西医专业留学生占比次之，中医作为我国的优势专业，来华留学生数量也比较大。（方宝、武毅英）其二是教育领域从事教育研究的天然属性，来华留学生的教育和管理问题从属于教育学范畴，伴随着教育现代化的不断推进，越来越多的外籍学生来我国学习，对我国高校教育管理能力提出了更高的要求，促使我国高等教育学者不断开展更广泛深入的来华留学教育管理研究。

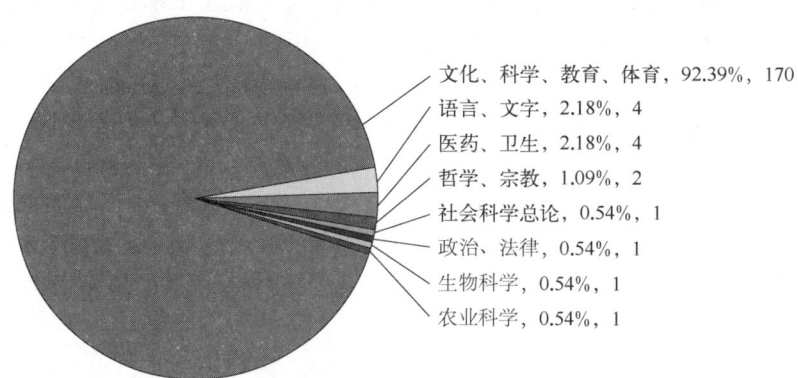

图2　来华留学生教育管理相关文献学科领域分布情况

（三）　研究机构百家争鸣，以自发性研究为主

分析发现，发表相关文章的机构涵盖各级、各类大学，从发表文章数量排名前30名的高校来看，呈现出部属高校和省属高校并存，综合性大学和理工类大学并存，"双一流"高校和非"双一流"高校并存，医科类大学、农业类大学和师范类大学等并存的局面，可谓百家争鸣。然而，虽然参与来华留学生教育管理研究的机构多、覆盖面广，但是各机构的累积文章数量普遍较少，均不超过7篇，对来华留学教育管理的研究较为粗放。

对作者发文量的统计分析显示，排名前20位作者的平均发文量为2.35篇。对发表"来华留学生教育管理"主题文章3篇及以上的学者进行统计，共有6位学者：学者A为某中央和地方共建大学的助理研究员，研究方向为留学生管理；学者B为某省属重点大学外国语学院的教授；学者C为某省属医学院国际教育学院的教师；学者D是

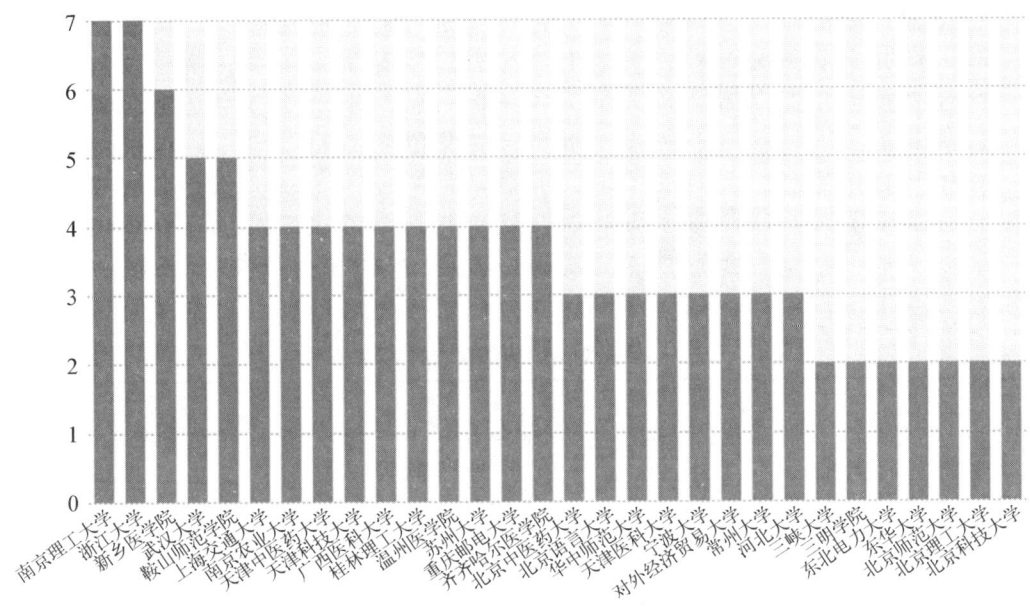

图 3 来华留学生教育管理研究机构发表文章情况

某省部共建大学国际教育交流学院的教授，研究方向为中国高等教育；学者 E 是某医学类世界一流学科建设高校国际教育学院的助理研究员，研究方向为留学生中医教育；学者 F 是某农学类世界一流学科建设大学国际教育学院的副研究员，研究方向为高等教育管理。可见，研究来华留学生教育管理问题的人员多为高等教育领域的学者和一线教育教学管理工作者，具有较强的教育使命感。学者裴玉梅在对留学生教育管理工作进行思考时表示，"只要我们在工作中深入研究和勇于实践，一种既接轨国际规则，又适应我国实际的外国留学生管理体制会逐步建立和完善起来。"（裴玉梅）此二类群体与来华留学生的接触频率高、程度深，因此成为从事来华留学生教育管理研究的主力军，研究方式以分散性研究和自发性研究为主。

从发文量来看，排名前 20 位作者的平均发文量为 2.35 篇，其中学者 A 发表相关文章 4 篇，学者 B-E 发文量均为 3 篇，产量较低，研究方式以自主研究为主，学者往往"各自为战"，相互之间的合作与对话较少，跨大空间尺度的区域合作研究较少。从引用率来看，所有文献的平均被引量为 2.2 次/篇，被引用次数为 0 次的文章占比 58.7%，共 187 篇之多。综上所述，我国来华留学教育管理研究的质量虽比较高，但对于学界的理论贡献较小，对指导实践的影响也比较微弱，没有形成具有代表性的高水平核心机构组织和核心学术作者群。

三、来华留学生教育管理研究的热点问题

关键词是文章的眼睛，透过关键词我们能够获得文章涉及的主要内容和核心问题

等重要信息。对来华留学生教育管理的相关文献进行关键词频次统计，我们得到了排名前 30 名的关键词频次及占比（见表 1），发现除了 "来华留学生教育管理" 的同义表达之外，高校、问题、策略、高职院校、"一带一路"、对策、跨文化适应、国际化等均是高频词汇。对关键词进行筛选，剔除与 "来华留学生教育管理" 同义的表达和在文章写作中具有普遍意义的词汇（高校、问题、策略、对策、现状、研究和思考），保留与来华留学生教育管理议题密切相关的词汇，得到 14 个关键词。将 14 个关键词分为三个 "关键词丛"，主题分别是文化差异适应、教育教学和管理模式，进而分析和探索来华留学生教育管理议题的研究热点，具体如下：

表 1　相关文献关键词频次统计情况

关　键　词	频次	百分比	关　键　词	频次	百分比
来华留学生	86	17.99%	教学管理	7	1.46%
留学生	85	17.78%	思想教育	6	1.26%
教育管理	59	12.34%	教育质量	6	1.26%
管理	27	5.65%	文化差异	6	1.26%
高校	18	3.77%	来华留学生教育	6	1.26%
教育	17	3.56%	现状	6	1.26%
留学生教育	16	3.35%	留学生教育管理	6	1.26%
留学生管理	13	2.72%	研究	6	1.26%
问题	13	2.72%	管理模式	6	1.26%
策略	12	2.51%	跨文化	6	1.26%
高职院校	10	2.09%	高等教育	6	1.26%
一带一路	9	1.88%	心理健康	5	1.05%
对策	9	1.88%	思考	5	1.05%
跨文化适应	9	1.88%	教育管理模式	5	1.05%
国际化	8	1.67%	留学生辅导员	5	1.05%

（一）　来华留学生教育教学研究

本 "关键词丛" 包含高职院校、国际化、思想教育、教育质量、高等教育 5 个关键词，累计占比 7.54%。当今世界，高水平的留学生教育已成为世界一流大学的一个重要标志。（胡志平）不管是老牌留学目的国，还是新兴留学目的国，都十分关注本国教育质量对国际学生的内源性吸引力。"高校是我国教育质量建设的承接者和主体，积极培育具有鲜明特色的国际教育课程体系，吸引外国留学生来校学习，优化培养结构、提高培养层次，确立国际化教育特色品牌，不断增强来华留学生教育的内源性牵引力。"（栾凤池、孙伟）21 世纪以来，基于高等教育国际化的新形势，联合国教科文组织加强了对不同国家的高等教育国际化现状及政策的关注。（张慧君）学者张美云等人认为，"只有管理体制、课程设置、培养方式等都与国际接轨，才能吸引更多的人来学习，培养出来的人才也才更具有国际竞争力。"（张美云、刘开南）

来华留学生教育教学作为我国教育教学的特殊子集，既是高等院校的最基本职能，又属于服务贸易范畴，还在一定程度上带有政治和外交属性。随着越来越多的国际学生进入我国学习交流，涉及的高校层次丰富，学科、专业种类繁多，高职院校和应用型专业留学生的教育教学问题以其特殊性和空前性逐渐凸显，对于这类问题的研究日益增多。学者黄华在研究高职院校来华留学生教育现状与展望时指出，应从全球高等教育布局重构的角度，充分认识高职院校招收来华留学生的意义，从树立中国高职教育品牌的角度，切实把好来华留学生教育的质量关。此外，有学者从德、智、体、美、劳五方面进行了全面的研究和探索，以促进来华留学生教育教学管理工作。

（二） 文化差异和心理适应研究

本"关键词丛"包含"一带一路"、跨文化适应、文化差异、跨文化、心理健康 5 个关键词，累计占比 7.33%。从 1951 年至今，来华留学生的规模持续扩大，现已达到 49.22 万人次。（中国高等教育学会外国留学生教育管理分会）随着"一带一路"倡议不断推进和落实，沿线越来越多的国家与我国进行教育合作，截至目前，沿线国家来华留学生数量达到 26.06 万人，占留学生总量的 52.95%。文化差异是国际人口流动和人口迁移的永恒话题之一，来自世界 196 个国家和地区的来华留学生从母国进入我国学习，由于不同国籍学者身份和文化的差异，或多或少都要面临文化差异和适应问题。国际学生是跨文化适应的常见主体。（朱国辉）学者安然认为，"跨文化适应远不是'同化'那么简单的问题，它是各文化特征间的一种相互依赖（interdependent）共存关系的体现。如果留学生适应状况良好，感到很满意，就会形成良好态度和正面形象，就会吸引更多学生来留学。"（安然）

丁学忠等人以生态系统理论为视角，从宏观、中观和微观角度，对来华留学生教育问题进行探析，指出在微观层面留学生心理问题突出，随着高校来华留学生人数的增加，留学生的心理健康问题成为高校留学生教育管理中的关注焦点。（丁学忠、王岩和肖易寒）由于文化差异程度不同、学生个体心理适应能力高低不同等原因，有的学生适应良好，但也有学生出现了适应不良，甚至是"文化休克"的现象。正确认识、把握由文化冲突所引发的各种问题的脉搏，对搞好外国留学生教育管理工作有着重要的意义。因此，学者十分关注对来华留学生的跨文化适应和心理辅导等的研究。

（三） 来华留学生管理模式研究

本"关键词丛"包含教学管理、管理模式、教育管理模式、留学生辅导员 4 个关键词，累计占比 4.82%。来华留学生的管理问题是教育教学的衍生产品，对留学生采取何种教育管理模式和教学管理模式才能达到好的教育效果，对此教育界一直存在争议。一些学者认为来华留学生是特殊学生群体，应该采取与本国学生不同的管理模式，主张差异化管理；另一些学者从资源分配和公众情绪角度出发，认为应该采取趋同化管理模式；还有学者主张走融合道路，认为"来华留学生的招生、培养工作既要体现中国特色，保证质量，又要反映市场需求，符合国际惯例"。（杨大伟、杨升荣和刘俭）学者张鸿端在"来华留学生教育为何难以实现管理趋同化"一文中坚决地认为"绝对的趋同化既不可能，也无必要"，应该坚持必不可少的差异化政策和管理，同时，在更加普遍性的学生管理和服务上坚持趋同化管理的原则和方向。

除了在理论方面进行探讨之外，参与来华留学生培养的各个高校亦在实践层面进行了各种努力和探索。学者朱虹指出："留学生管理缺乏标准且可操作的管理指引，辅导员老师无章可循，只能采用管理中国学生的方法管理留学生。这直接导致了学校管理陷入了中国学生认为留学生受到优待，而留学生又认为自己受到不公平对待的两边不讨好的尴尬境地。"事实证明，管理体制和管理制度的确立是做好留学生工作的基础。（施海龙、张大军）要从服务的视角出发，探索新的管理方式和管理机制。（王洪才、戴娜和刘红光）这对来华留学教育、教学、管理一线工作者提出了更高的要求，行政管理人员、留学生辅导员、专业教师等群体任重而道远。

四、 来华留学生教育管理的未来研究趋势

随着高等教育发展日益国际化和全球化，大力发展来华留学教育对我国具有多方面的现实意义。来华留学生人数的日益增加，给留学生的教育和管理工作提出了更高的要求。（黄大卫）对"来华留学生教育管理"的相关文献进行分析发现，该方面的研究成果呈现出数量由少到多但研究力度仍然较小、学科领域高度集中于"科教文医"领域、研究方式以自发性研究为主 3 个鲜明特点。从关键词分析来看，研究热点集中于来华留学生教育教学研究、文化差异和心理适应研究以及管理模式研究。结合前文分析结果，对标当前党和国家在来华留学教育管理方面的规划和政策，来华留学生教育管理研究的未来趋势向好，研究成果更加丰富，学科领域更加广泛，跨区域合作研究增多，研究内容更加精细。

（一） 研究力度加大， 成果数量更加丰富

来华留学教育事业进入提升创新阶段之后，党和国家越来越意识到来华留学教育事业对我国教育现代化和教育对外开放的重要意义，不断出台重大规划和政策文件，如 2010 年出台《留学中国计划》，2016 年发布了《关于做好新时期教育对外开放工作的若干意见》以及《推进共建"一带一路"教育行动》，2019 年颁布了《中国教育现代化 2035》等。其次，党和国家在留学生教育管理问题方面的基金投入日益增多，基金项目占比 10.3%，驱动力度大，吸引越来越多的教育学者参与来华留学教育管理研究。

此外，从发刊情况来看，来华留学生教育管理研究方面的文章发表于北大核心和CSSCI的比例为15.9%，高于教育管理大类优质文章占比，即发表于优质期刊的可能性更大，将吸引一些高等教育学者转而从事来华留学生方向的研究。综上所述，受政策、资金和刊载质量驱动，进行来华留学教育管理研究的学者会越来越多，研究力度将会增大，成果数量将会更加丰富。

（二） 涉及专业增多， 学科领域更加广泛

伴随着我国来华留学教育事业不断发展，接收留学生的机构增多，学科专业结构更加优化，层次更加多样。从我国在1950年仅1所高校接收国际学生，到了2018年增加到1 004所，接收留学生的机构增多。其次，在专业选择上，除汉语言文学和中医药专业，选择其他专业的留学生日益增多，学科专业结构更加优化。近年来选择经济、工科、管理、法学、艺术、理科、农科等专业的学历教育生越来越多，教育学留学生数量增长也比较显著。再次，来华留学教育层次更加多样，由于"双一流"建设高校的留学生承载量和招生数量有限，不少地方院校和高职院校进入外国留学生的选择视野。不少高职院校纷纷建设国际教育学院、奔赴海外招生宣传，还有很多高校正处在建设或酝酿之中。随着我国来华留学教育事业不断推进，来华留学教育管理人员涉及的专业和学科领域不断增加，高等教育学者和一线教育管理工作者将面临更多不同机构、专业类别和培养层次的留学生群体，其研究将转向更加广泛全面的学科领域。

（三） 转变研究路径， 走向有组织的跨区域合作研究

一直以来，来华留学教育管理者的研究方式以自主性和分散性为主，学者往往基于所在高校的各个阶段发生的现实问题开展教育管理研究，属于校本研究范畴。在开展研究的过程中，学者多采取独立研究的方式，不同专业的学者之间合作较少，不同高校之间的合作研究更是少之又少，更谈不上跨区域的大尺度合作研究。然而，来华留学生教育管理是一个全球议题，更是一个复杂议题，涉及各个国家的各级各类高校和多种专业，因此，对来华留学生教育管理的研究应转向跨区域合作研究和学科交叉融合研究。其次，科学技术的进步在一定程度上助推了大空间尺度研究和跨区域合作，使得来华留学教育管理研究能够在独立研究的基础上走向跨区域合作研究，由点及面，探索更为广泛和全面的留学生教育管理经验和规律。这就需要专门的来华留学生教育管理研究组织有计划有目的地指导跨区域研究。随着研究程度不断加深，将会形成代表性的从事来华留学教育管理研究的核心学术作者群和核心研究组织。

（四） 重视内涵式发展， 研究内容更加精细

从近五年研究成果的关键词统计结果来看，学者们开始将研究视野和重点转向教育现代化、教育质量、趋同管理、心理适应、奖助学金绩效等议题，未来将沿此进行更加精细的研究和探索。内涵式发展关乎教育理念和教育质量的转变，高等教育内涵

式发展的潮流深深影响着来华留学教育事业，近年来一直被业界学者广泛讨论和研究，尤其在 2018 年召开的全国教育大会之后，内涵式发展被推上了极为重要的地位。学者刘进曾指出，当前我国面临着严峻的来华留学生质量问题，高等教育国际化"大而不强"，来华留学生"数量一流、质量二流"问题逐渐凸显。（刘进）当前我们应进一步更新发展观念，追求数量、质量、结构、层次、内涵建设的全面协调发展。对此，国家层面展开了来华留学教育质量认证评估工作，不断推进教育质量保障体系建设。其次，广大一线留管工作者根植教育规律，不断加强对留学生趋同化管理的研究和实践。此外，近年来针对留学生的舆情事件频出，留学生的舆情公关研究得到前所未有的重视，但目前此类研究成果还非常少，未来针对舆情策略的研究成果会大大增加。随着来华留学教育事业不断成熟，广大学者立足教育管理一线，将目光转向来华留学教育管理工作中更加精细和深层的议题，因时而变地研究留管工作新问题和微观问题。

来华留学生教育管理研究作为一个时代性和人文性并存的议题，与来华留学教育事业的发展相辅相成、互为促进。虽然目前研究成果不算丰硕，但是未来我国来华留学生教育管理研究趋势向好，不断向纵深发展；研究力度加大，成果更加丰富；涉及专业增多，学科领域更加广泛；研究路径转变，走向有组织的跨区域合作研究；重视内涵发展，研究内容更加精细。因此，未来几年将进入更加成熟的研究阶段。国家从战略的高度来规划来华留学生教育的发展，必将推动我国各级政府和高等学校以更加开放、更加积极的姿态来发展来华留学生教育。（郑向荣）打造更具国际竞争力的来华留学教育，需要越来越多的高校和学者勇于成为该议题的主阵地和生力军，围绕来华留学生教育管理时代前沿议题展开大范围深层次的探讨，以研究促发展，进一步促进我国来华留学教育事业纵深化发展，多管齐下地推动我国来华留学教育管理事业再上新台阶。

参考文献

1 安然："来华留学生跨文化适应模式研究"，《中国高等教育》，2009 年第 18 期，第 61—62 页。

2 丁学忠、王岩和肖寒："生态系统理论视角下的来华留学生教育问题探析"，《黑龙江高教研究》，2019 年第 2 期，第 94—97 页。

3 方宝、武毅英："高等教育来华留学生的变化趋势研究——基于近十五年统计数据的分析"，《高等教育研究》，2016 年第 2 期，第 19—30 页。

4 宫兴林、章燕："加强外国留学生教育管理工作的几点思考"，《北京教育（高教）》，2006 年第 5 期，第 42—43 页。

5 黄大卫："来华留学生教育管理新举措"，《江苏大学学报（高教研究版）》，2005 年第 3 期，第 74—76 页。

6 胡志平："大力发展来华留学生教育，提高我国高校国际交流水平"，《中国高教研究》，2000 年第 3 期，第 32—35 页。

7 刘宝存、彭婵娟："中华人民共和国成立以来我国来华留学政策的变迁研究——基于历史制度主义视角的分析"，《高校教育管理》，2019 年第 6 期，第 1—10 页。

8 栾凤池、孙伟：""一带一路"国家来华留学生教育的意义、问题及对策"，《江苏师范大学学报（哲学社会科学版）》，2018 年第 1 期，第 7—17 页。

9　栾凤池、王俞苹和陈伟："来华留学：打造更具影响力的中国教育品牌"，《中国教育报》，2019 年 9 月 27 日，http://www.jyb.cn/rmtzgjyb/201909/t20190927_264091.html。

10　刘进："'一带一路'背景下如何提升来华留学生招生质量——奖学金视角"，《高校教育管理》，2020 年第 1 期，第 29—39 页。

11　裴玉梅："外国留学生教育管理工作的思考"，《中医教育》，2003 年第 2 期，第 67—69 页。

12　施海龙、张大军："浅谈高校来华留学生的管理模式"，《辽宁教育行政学院学报》，2006 年第 2 期，第 17—18 页。

13　王洪才、戴娜和刘红光："全球化背景下的国际学生流动与中国政策选择"，《厦门大学学报（哲学社会科学版）》，2014 年第 2 期，第 149—156 页。

14　杨大伟、杨升荣和刘俭："新时期高校发展来华留学生教育的对策研究"，《高教探索》，2016 年第 5 期，第 97—101 页。

15　中国高等教育学会外国留学生教育管理分会：《来华留学年度报告》，2008 年，内部资料。

16　朱国辉：《高校来华留学生跨文化适应问题研究》，博士学位论文，华东师范大学，2011 年。

17　朱虹："留学生教育高质量发展路径研究"，《江苏高教》，2020 年第 1 期，第 64—71 页。

18　张鸿端："来华留学生教育为何难以实现管理趋同化"，《中国科学报》，2019 年 7 月 17 日。

19　张慧君："国际化进程中来华留学生教育质量的提升"，《中国高等教育》，2007 年第 24 期，第 46—47 页。

20　张美云、刘开南："关于加强来华留学生教学与管理的几点思考"，《中国高教研究》，2007 年第 5 期，第 68—69 页。

21　郑向荣："对当前扩大来华留学生教育规模的思考"，《教育探索》，2010 年第 8 期，第 83—85 页。

国际学生满意度提升路径分析

刘伟喆*

摘要：国际学生满意度是高校迎接全球竞争的关键因素之一，提升国际学生满意度有重要意义。加拿大阿尔伯塔大学采用被动服务策略却获得学生高满意度，很值得借鉴。本文通过笔者对阿尔伯塔大学三个月的访问并结合文献，从管理理念、管理模式和服务内容等三个层次梳理出提升国际学生满意度的七条路径。本文方法上的创新之处在于，没有采用以往其他研究对学生进行问卷调查的方法，而改请国际学生管理同行对路径的可行性进行打分。同行们认为其中六条路径可行性较大，让学生代表参与学校的重大决策在现阶段实际执行难度较大。

关键词：国际学生　满意度提升　管理　服务

Abstract：International student satisfaction is one of the key factors in universities to meet global competition, and it is of great significance to improve international student satisfaction. The University of Alberta in Canada has adopted a passive service strategy but has achieved high student satisfaction, which is worth learning. Through a three-month visit to the University of Alberta and a combination of literatures, this paper proposes seven paths of improvement in international student satisfaction from three aspects：management philosophy, management model and service content. This paper doesn't use the method of the previous papers to conduct student questionnaires, but is changed to ask the international student management peers to rate the feasibility of the path. This is the innovation of this paper. The peers believe that six of these paths are feasible, and it is difficult for students' representatives to participate in the major decisions of the school at this stage.

Key Words：international students, satisfaction improvement, management, service

一、引言

国际学生满意度是高等教育机构迎接日益激烈的全球竞争的关键因素。（Arambewela，Hall，and Zuhair）有很多学者证明，国际学生满意度是学生对学校评判的重要因素，（Paswan and Ganesh）如对学校的忠诚度、（Ali et al.）学校的竞争力、

---

* 刘伟喆，中央财经大学国际文化交流学院留学生管理办公室主任，研究方向为国际学生管理。

（Hanaysha，Abdullah，and Warokka）国际学生流动性（Kondakci）等方面都会有很大的影响。国际学生满意度数据成为校园变革和加强服务的重要依据。（Ammigan and Jones）国际学生满意度还是大学竞争力的衡量维度，进而影响国家的竞争力。（Hanaysha and Warokka）因此，提升国际学生满意度具有很重要的意义。

很多学者研究了国际学生满意度的影响因素，因素可大致分为个人、学校和社会三方面。但因调查学生样本不同，有时会得出相悖结论。因个体差异无法避免，社会因素需要社会各部门共同努力，最容易提升国际学生满意度的路径应该从学校着手，重点关注日常管理服务和教学服务。

与国内高校"主动服务"于国际学生不同，加拿大阿尔伯塔大学（University of Alberta，以下简称阿大）对于国际学生采用的是"被动服务"的方式。"被动服务"的特点在于：国际学生只在有需求找到对应的管理服务部门后，相关部门才提供相关服务。如果国际学生一直不对管理服务提出需求，则他们认为学生一切正常，不会主动对其关注，即有需求才服务。虽然阿大采用的是"被动服务"的方式，但阿大国际学生对学校的满意度一直很高。（Alberta）采用被动的服务策略还能获得高满意率，可见其国际学生服务确实有值得借鉴的地方。

作者通过对阿大三个月的访问，从管理理念、管理模式和服务内容三个方面梳理出国际学生满意度提升的七条路径。本文未采用以往论文对学生进行问卷调查的方法，而改为邀请曾有阿大访学经历的 27 位国际学生管理同行对结论的可行性进行打分。本文最后对可行性最低的结论分析了原因。

二、 文献综述

国内对于学生满意度提升的研究对象主要都是中国学生，很少涉及国际学生满意度的研究。国外对于国际学生满意度研究比较早，最早的论文是 Robert Perrucci 和 Hong Hu 学者 1995 年发表的文章，他们首次对国际研究生满意度进行分类，并对其决定因素进行了定量分析，进而指出提升国际学生满意度的努力方向。这篇文章成为后来很多文章的研究范式。

（一） 国际学生满意度分类

国际学生满意度从大类上可以分成学术满意度和生活满意度。有的学者将国际学生（研究生）满意度分为三个方面：学术课程（academic program）、学术任命（academic appointment，如担任教学助理或研究助理）和非学术社交关系（nonacademic social relationships）。（Perrucci and Hu）学者 Ammigan 将国际学生满意度分为对到达经历、学习经历、生活经历和服务经历的满意程度。（Ammigan and Johnes）

（二） 国际学生满意度影响因素

学者们提出了许多国际学生满意度的影响因素，大致可以分为个人、学校和社会三方面因素。但因其所取的学生样本不同，在得出的结论中有很多相矛盾的地方，如有的学者调查后发现，语言技能与满意度有很明显的影响关系。（Perrucci and Hu）而D. L. Sam 调查后发现，语言技能对于国际学生满意度无明显影响。（Sam）具体研究结果见表1。

表 1　国际学生满意度影响因素

分类	影响因素	有明显影响的论文代表	无明显影响的论文代表
个人因素	语言技能	Perrucci & Hu，1995	Sam，2001；Mak，Bodycott & Ramburuth，2015
	当地朋友数量	Perrucci & Hu，1995；Hendrickson，Rosen & Aune，2011；Mak et al.，2015	Sam，2001
	母国朋友数量	Sam，2001	Mak，Bodycott & Ramburuth，2015
	感知歧视	Perrucci & Hu，1995；Sam，2001；Wadsworth，Hecht & Jung，2008；Jamaludin，Sam，Sandal & Adam，2018	
	财务状况	Sam，2001	Perrucci & Hu，1995
	文化适应	Wadsworth，Hecht & Jung，2008	
	职业发展	Arambewela et al.，2006	
学校因素	日常管理服务	Sam，2001；Mavondo，Tsarenko & Gabbott，2004；Arambewela & Hall，2009；Ali et al.，2016	
	教学服务	Mavondo，Tsarenko & Gabbott，2004；Arambewela et al.，2006；Lim，Yap & Lee，2011	
	学术服务	Ali，Zhou，Hussain，Nair & Ragavan，2016	
	硬件设施	Mavondo，Tsarenko & Gabbott，2004；Arambewela et al.，2006	
	学校声誉	Arambewela et al.，2006；Ali，Zhou，Hussain，Nair & Ragavan，2016	
社会因素	经济发展	Arambewela & Hall，2007	
	社会安全	Arambewela & Hall，2007；Wang & Tseng，2011	

有的学者专注于某项国际学生满意度的提升并提出了自己的看法，认为教师可以通过第一次课后的会议、建立多文化小组、及时修改授课方式和进程、开展多样化的讨论提高国际学生的学习成绩、加强社会融合，帮助国际学生获得更强的参与感和学术成就。（Tompson and Tompson）

通过分析文献可知，提升国际学生满意度应该从学校因素出发。一是因为国际学生个体千差万别，社会因素需要社会各部门共同努力，只有学校是一个有秩序的、有规则的团体，因此最容易提升国际学生满意度的因素应该是学校。二是以往的学者大都从学生角度出发，因所选取的样本原因，会得出相悖的结论。基于以上考虑，本文将从学校的角度出发，分析成功院校的做法，得出国际学生满意度提升路径。通过前人文献可知，"日常管理服务"和"教学服务"的提升是满意度提升提及较多的方面，因此，本文将重点关注"学校因素"中"日常管理服务"和"教学服务"两个方面。

三、 研究框架

作者在文献研究的基础上，结合在阿大三个月听取报告、走访调查等方式，以日常管理服务为视角，从管理理念、管理模式和服务内容三个方面得出国际学生满意度提升路径。最后，邀请曾有阿大访学经历的 27 位国际学生管理同行对提升路径进行可行性打分，得出最终的结论。具体研究框架见图 1。

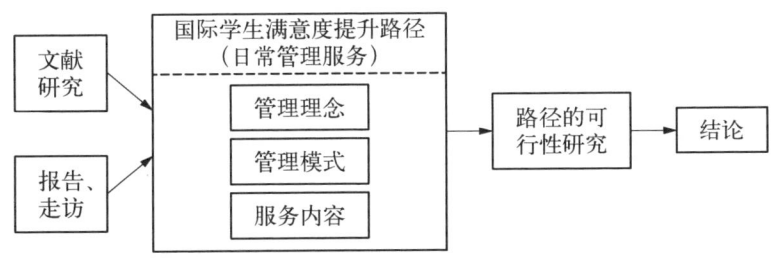

图 1　研究框架

四、 阿尔伯塔大学提升国际学生满意度路径分析

阿尔伯塔大学始建于 1908 年，位于加拿大艾伯塔省省会埃德蒙顿市中心，北萨斯喀彻温河南岸，是加拿大的一所综合研究性大学。（Wikipedia）阿大的国际学生服务除国际学生特有的服务（如签证、移民等）在国际处（University of Alberta International）之外，其他完全采用趋同的服务方式，即所有职能部门和各学院以对待加拿大本地学生的方式，为国际学生提供服务。

阿大的国际学生服务与中国大部分高校最大不同之处在于，学校采取的是"被动服务"，即学生来办公室，才会为其提供服务。学校从不采取"主动"的方式为学生提供服务。但根据阿大网站上 2017 年 12 月 1 日发布的报告"FOR THE PUBLIC GOOD:

Performance Measures"，阿大学生对学校的满意度一直很高。报告中提到，National Survey of Student Engagement（NSSE）于 2017 年调查阿大高年级本科生满意度为 82.1%，Canadian Graduate and Professional Student Survey（CGPSS）于 2016 年调查阿大研究生满意度为 87.1%，且几年调查的满意度都维持在很高的水平上。（Alberta）阿大采用这样的服务策略还能获得高满意率，可见其国际学生服务确实有值得借鉴的地方。

本文作者于 2018 年 6 月至 9 月对阿大进行了三个月的访问，共听取了 48 场报告，参加了 18 场参观活动，以及 23 节辅助课程（如英语课、管理学课等）。通过众多的报告、参观活动、辅助课程以及日常观察，重点考察"学校因素"中"日常管理服务"和"教学服务"两个方面，既关注顶层设计，又关注具体的服务内容，从管理理念、管理模式和服务内容等三个不同层次，梳理出国际学生满意度提升的七条路径（H1—H7）。

（一） 管理理念

H1：将国际学生当成独立的成年人管理，提供他们最需要的服务，可以提升国际学生满意度。

阿大对学生管理的核心思想，无论是加拿大本地学生还是国际学生，将他们当成独立的成年人进行管理。学校充分尊重他们的想法，认为他们可以照料好他们自己的生活。因此，阿大很多部门都采取"被动服务"的策略。学校认为，只有学生有需求，管理服务部门才提供服务。如果学生不来相关部门，则认为他们不需要学校提供服务。这与国内部分高校采取的保姆式的"主动服务"有很大的不同。阿大这种管理理念会给国际学生提供最需要的服务，从而可以提升满意度。

（二） 管理模式

H2：学院拥有高度自主权，通过学院内生动力为国际学生开展服务，可以提升国际学生满意度。

阿大整体的学校管理模式是分散化的（decentralized），学校将很多的自主权下放给学院。学院可以根据自身发展需求和预算约束自行决定相关事宜。学校的职能部门更多的是为学院提供服务，而不是干涉学院的决定。这与中国高校集中化（centralized）、自上而下的管理模式有很大的不同。

因为拥有高度的自主权，当学院认为国际化对他们有益时，内生动力就会很强，会主动考虑国际化的策略，主动开展国际学生相关工作。由于学校不会过多地干预，学院的国际学生工作各具特色，并更贴合学院自身特色。这与学校自上而下下压国际化任务相比，具有很大的优势。

每个学院都会设立 1—2 名顾问（advisor）为国际学生提供服务，国际学生多的学院有专门的部门，提供从招生到毕业的全部国际学生服务。由于学院的顾问更了解学院的情况，他们提供招生咨询服务和在校生的学业咨询会更加具体和专业。调查中，在阿大学习一年的中国留学生就认为学院的顾问非常有用。因此，学院国际学生服务人员或服务部门的设立有助于提升国际学生的满意度。

H3：学生代表有机会参与学校的重大决策，可以提升国际学生满意度。

阿大十分重视学生意见。无论是校董会、总议会、参议会等各种重要会议，都会有学生代表参加并发表意见。学生代表大多由学生会和研究生会主席担任。

阿大对于国际学生和加拿大本地学生趋同管理，因此，国际学生可以与本地学生一样参加学校学生会和研究生会主席的竞选。根据讲座中提供的信息，有几届研究生会的主席和副主席都由国际学生担任。

由于国际学生有机会在学校出台重大政策时发表自己的意见，维护自己的权益，此举有利于国际学生的满意度的提升。

（三） 服务内容

H4：学校课程培养要求与相关行业协会要求相一致，可以提升国际学生满意度。

学校部分学院（如工程学院等）在培养方案的制订过程中就先与相关行业协会进行沟通，根据行业协会的实际需要对学生进行培养。学生在阿大进行相关课程学习后，可通过行业协会要求的入门考试。这为国际学生的就业创造了便利条件。加拿大对国际学生的移民十分支持，学校的国际处也会提供很多移民方面的服务。这就使得国际学生在阿大毕业之后，能够找到好的出路，因此，这也有利于国际学生满意度的提升。

H5：学校媒体关注国际学生的故事，可以提升国际学生满意度。

学校的网络等各种形式媒体十分关注国际学生的生活，在网络媒体和各类宣传物上都可以看到国际学生的故事。学校和学院的招生部门还请国际学生拍摄了一系列宣传片，向不同国家和地区的学生进行宣传。国际学生在学校的媒体上看到他们的动态，会认为学校十分关注他们的生活，有很强烈的存在感，因此对学校的满意度也会有所提升。

H6：学校开展跨文化交流项目，可以提升国际学生满意度。

阿大十分重视不同文化间的交流。学校有专门研究跨文化适应、跨文化交流等问题的部门。学校还开设了 Global Education Program 等项目，通过这些项目让国际学生了解文化差异的存在，尊重各自的文化差异，提供各种文化交流的平台。国际学生在感受到自己国家的文化被尊重的同时，还能了解如何与拥有不同文化背景的学生相处，有助于其满意度的提升。

H7：民间协会组织提供更贴近国际学生的服务，可以提升国际学生满意度。

学校还有很多协会组织，虽然没有官方背景，但他们在学校和社会各方面的支持下，积极为国际学生服务。比如目前备受留学生欢迎的阿尔伯塔大学中国学生学者联谊会（University of Alberta Chinese Students and Scholars Association）。他们会给中国留学生提供很多贴心的服务，如为新生开展免费接机服务，举办 DAY TRIP、新生大会、新生烧烤等活动，他们还会提供选课、学术、工作等各方面的帮助，因此受到中国留学生的欢迎，很多中国留学生也愿意加入这样的协会，有很强的归属感。这也有利于国际学生满意度的提升。

五、 路径的可行性研究

在本文第二部分中提到，前人文献中因其所取的学生样本不同，在得出的结论中有很多相矛盾的地方。本文分析提升路径的目的，并不仅仅是为了获得阿大学生的认同，更重要的是要研究这些路径是否适合在我国高校中开展。毕竟加拿大与中国的高等教育体制有很大的不同，无论是管理理念、管理模式还是服务内容都有很多地方存在差异甚至是冲突。

因此，为了验证本文第四部分路径分析的可行性，作者邀请了曾有阿大访学经历的来自 27 所高校的 27 位国际学生管理同行对提升路径可行性进行打分。所有参加打分的同行都有多年的国际学生管理服务经验，并且都有至少三个月的阿大访学经历，对于阿大的管理服务都有所体会。请他们来对提升路径的可行性进行打分能够更好地找到适合我国高校国际学生满意度提升的路径。

（一） 数据收集

作者对于本文第四部分的七条路径，采用 5 分制的评分量表，从"完全不可行"到"完全可行"进行可行性做答，并对选项从 1—5 进行赋分。本文采用在线发放并回收问卷的方式，共收到有效问卷 27 份。

（二） 数据分析

通过问卷可知，这七条路径的可行度数值（即七个问题可行性的平均值）为 4.14。具体来看，这七条路径的可行性（即可行度数值）由高到低排列如图 2 所示。

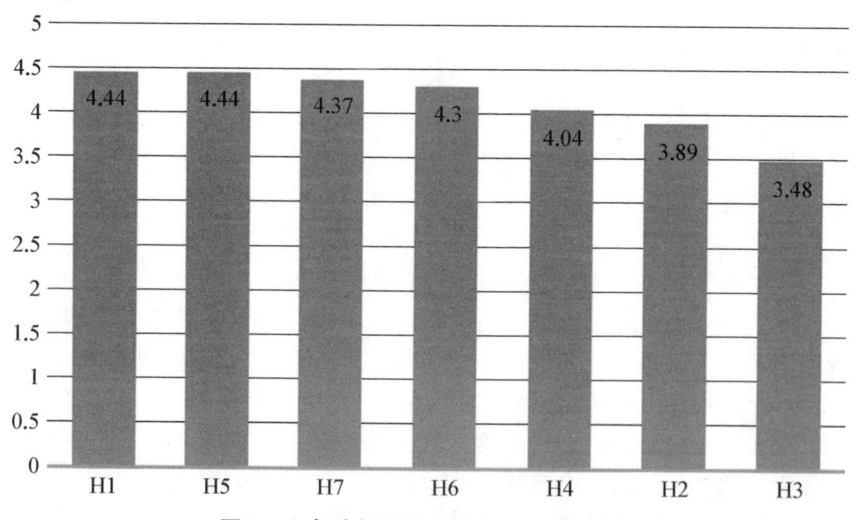

图 2　七条路径可行度排序（由高到低）

由图 2 可知，可行性最高的两个结论是 H1（将国际学生当成独立的成年人管理，提供他们最需要的服务，可以提升国际学生满意度）和 H5（学校媒体关注国际学生的故事，可以提升国际学生满意度），可行性最低的是 H3（学生代表有机会参与学校的重大决策，可以提升国际学生满意度）。如图 3 所示，对于 H3 路径选择中间项"一般"的人数占比较多。因此可以认为，同行们认为其中六条路径可行性很大，让学生代表参与学校的重大决策在现阶段实际执行难度较大。他们认为让学生代表参与学校的重大决策，确实可以提升国际学生满意度。但在目前高校的运行体制下，学生代表，尤其是国际学生代表参与学校的重大决策，在短期之内是无法实现的，因此，在阿大是提升学生满意度的路径，在中国高校实施的难度极大。

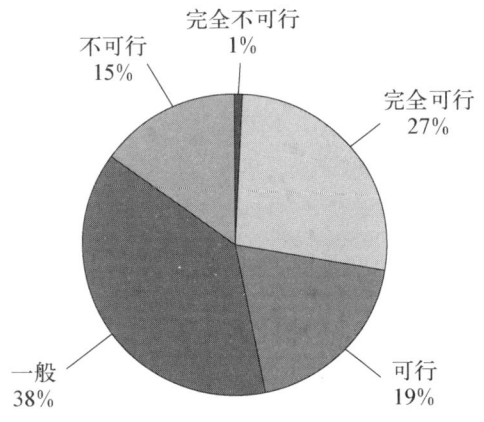

图 3　H3 选项具体分布

六、结论

（一）　结论

加拿大与中国的高等教育体制有很大的不同，无论是管理理念、管理模式和服务内容都有很多地方存在差异甚至冲突。比如阿大把国际学生与本国学生等同看待，并将他们视为独立的成人对待；再比如，阿大会更多地采用"被动服务"的方式来提供服务。这都与中国高校对于学生的管理和服务有很大的不同。在面对这些冲突的时候，一味地照搬照抄无法解决目前面临的问题，还是应该联系中国高校的实际情况，有选择地学习和借鉴，这样才能更好的提升中国高校的国际学生管理服务水平。

为了验证第四部分结论，并避免出现在第二部分中提到的，因学生样本存在调查群体差异而导致的结论相悖的情况，本文未采用以往论文对学生进行问卷调查的方法，而改为邀请曾有阿大访学经历的国际学生管理同行对结论可行性进行打分。他们既了解阿大的管理服务方式，又具有丰富的国际学生管理经验，因此所得出的结论会更加可靠。这也是本文研究方法上的一个创新。

本文通过文献研究和对阿大的实地走访调查，提出了七条国际学生满意度提升路径。通过可行性问卷调查可知，其中六条路径可行性很大，让学生代表参与学校的重大决策在现阶段实施难度较大。

（二）　不足之处

本文还存在以下不足之处：

1. 对学校因素中的其他影响因素讨论较少。因作者工作内容和文章篇幅所限，本文关注日常管理服务和教学服务，没有涉及学校的学术服务、硬件设施和学校声誉等其他方面。未来可以就相关影响因素继续开展研究。还可以将个人因素和社会因素综合考虑，从而更全面地认识这个问题。

2. 样本数量较少，结论普遍性有待提升。因相关条件限制，研究只采用了 27 位老师的回复。今后研究中应增加样本数量，从而提升研究结论的普遍性。

参考文献

1 Alberta, U. O. "FOR THE PUBLIC GOOD: Performance Measures", 2017, https://cloudfront. ualberta. ca/-/media/isp/images/reports/forthepublicgoodperformancemeasuresdecember2017. pdf.

2 Ali, Faizan, et al. "Does higher education service quality effect student satisfaction, image and loyalty?." *Quality Assurance in Education* 24. 1 (2016): 70 – 94.

3 Ammigan, Ravichandran, and Elspeth Jones. "Improving the student experience: Learning from a comparative study of international student satisfaction." *Journal of Studies in International Education* 22. 4 (2018): 283 – 301.

4 Arambewela, Rodney, John Hall, and Segu Zuhair. "Postgraduate international students from Asia: Factors influencing satisfaction." *Journal of Marketing for Higher Education* 15. 2 (2006): 105 – 127.

5 Arambewela, Rodney, and John Hall. "A model of student satisfaction: International postgraduate students from Asia." *ACR European Advances* (2007).

6 Arambewela, Rodney, and John Hall. "An empirical model of international student satisfaction." *Asia Pacific journal of marketing and logistics* (2009).

7 Fares, Djafri, and Omar Kachkar. "The impact of service quality, student satisfaction, and university reputation on student loyalty: A case study of international students in IIUM, Malaysia." *Information Management and Business Review* 5. 12 (2013): 584 – 590.

8 Hanaysha, Jalal RM, Haim Hilman Abdullah, and Ari Warokka. "Service quality and students' satisfaction at higher learning institutions: The competing dimensions of Malaysian universities' competitiveness." *The Journal of Southeast Asian Research* 2011 (2011): 1 – 10.

9 Hendrickson, Blake, Devan Rosen, and R. Kelly Aune. "An analysis of friendship networks, social connectedness, homesickness, and satisfaction levels of international students." *International journal of intercultural relations* 35. 3 (2011): 281 – 295.

10 Jamaludin, N. L., et al. "The influence of perceived discrimination, orientation to mainstream culture and life satisfaction on destination loyalty intentions: the case of international students." *Current Issues in Tourism* 21. 8 (2018): 934 – 949.

11 Kondakci, Yasar. "Student mobility reviewed: Attraction and satisfaction of international students in Turkey." *Higher Education* 62. 5 (2011): 573.

12 Lim, Yet Mee, Ching Seng Yap, and Teck Heang Lee. "Destination choice, service quality, satisfaction, and consumerism: International students in Malaysian institutions of higher education." *African journal of business management* 5. 5 (2011): 1691 – 1702.

13 Mak, Anita S., Peter Bodycott, and Prem Ramburuth. "Beyond host language proficiency: Coping resources predicting international students' satisfaction." *Journal of Studies in International Education* 19. 5 (2015): 460 – 475.

14 Mavondo, Felix T., Yelena Tsarenko, and Mark Gabbott. "International and local student satisfaction: Resources and capabilities perspective." *Journal of Marketing for Higher Education* 14. 1 (2004): 41 – 60.

15 Paswan, Audhesh K., and Gopala Ganesh. "Higher education institutions: Satisfaction and loyalty among international students." *Journal of Marketing for Higher Education* 19. 1 (2009): 65 – 84.

16　Perrucci，Robert，and Hong Hu. "Satisfaction with social and educational experiences among international graduate students. " *Research in Higher education* 36. 4 （1995）：491 - 508.

17　Sam，David Lackland. "Satisfaction with life among international students：An exploratory study. " *Social Indicators Research* 53. 3 （2001）：315 - 337.

18　Tompson，Holly B.，and George H. Tompson. "International perspective：Confronting diversity issues in the classroom with strategies to improve satisfaction and retention of international students. " *Journal of Education for Business* 72. 1 （1996）：53 - 57.

19　Wadsworth，Brooke Chapman，Michael L. Hecht，and Eura Jung. "The role of identity gaps，discrimination，and acculturation in international students' educational satisfaction in American classrooms. " *Communication Education* 57. 1 （2008）：64 - 87.

20　Wang，Ray，and Ming-Lang Tseng. "Evaluation of international student satisfaction using fuzzy importance-performance analysis. " *Procedia-Social and Behavioral Sciences* 25 （2011）：438 - 446.

21　Wikipedia. University of Alberta，https：//en. wikipedia. org/wiki/University _ of _ Alberta.

清华大学中外学生趋同管理的实践与挑战

邹　楠　刘清伶　杨　静*

摘要： 随着我国高等教育国际化水平的不断提升与来华留学事业的快速发展，国际学生的管理体制面临重大调整，国际学生与中国学生的趋同化管理成为普遍认同的模式。清华大学为实现中外学生趋同化管理的目标，进行了全校范围内的国际学生培养、学生工作与事务体系调整，在实践中探索既与国际接轨又富有清华特色的趋同管理模式。本文结合部分高校趋同管理的现状，探讨清华大学国际学生趋同管理的实践与面临的挑战，提出了进一步推进趋同管理的建议。

关键词： 国际学生　趋同管理　清华大学　实践与挑战

Abstract： As China's higher education goes on becoming more recognized internationally and together with the rapid development of "studying in China" program, the management system of international students is facing a major change. The convergence management between international students and Chinese students has now been universally accepted. Thus, in order to achieve the goal of convergence, Tsinghua University has carried out programs concerning international student training and the adjustment of student affairs system. By doing so, Tsinghua explores the feasible convergence mode that meets international standards without losing its own characteristics. Based on the present situation of convergence management in some colleges and universities, this paper discusses the practices and challenges of convergence management in Tsinghua University, and puts forward suggestions to further promote convergence management.

Key Words： international students, convergence management, Tsinghua University, practices and challenges

一、 我国高校国际学生趋同管理的背景与必要性

　　我国高校国际学生的趋同化管理并非新生事物，早在 1989 年获得国际学生管理的自主权后，我国高校就开始了对国际学生管理模式的探索。从 20 世纪 90 年代末起，

---

* 邹楠，清华大学国际学生学者中心，教育学硕士，研究方向为国际学生管理。
刘清伶，清华大学国际学生学者中心，文学硕士，研究方向为高等教育。
杨静，清华大学国际学生学者中心，文学硕士，研究方向为国际学生管理。

教育界开始出现对趋同管理问题的探讨。（顾莺、陈康令）在国家政策层面，为落实《国家中长期教育改革和发展规划纲要（2010—2020）》，教育部于 2010 年出台的《留学中国计划》制定了 2020 年来华留学生达到 50 万人，其中接受学历教育的学生达到 15 万人的目标，并明确提出了"积极推动来华留学人员与我国学生的管理和服务趋同化"。2017 年出台的《学校招收和培养国际学生管理办法》（42 号令）指出，高校应当将国际学生教学计划纳入学校总体教学计划、参照中国学生辅导员比例配备国际学生辅导员、开展国情校情教育等，这些举措在一定程度上是在推动中外学生趋同管理。2018 年教育部出台了《来华留学生高等教育质量规范》，提出了推进中外学生管理和服务的趋同化。

趋同化管理不仅是国家政策层面的引导，更是现实的迫切需要。2001 年到 2011 年的 10 年间，来华留学生人数快速增长，年均增长率超过 20%。（彭庆红、李慧琳）到 2016 年，在华接受教育的外国留学生总数已突破 44 万，其中学历留学生占比达到 47%。（刘京辉）国际学生总数与学历生人数的快速增长使得很多高校原有管理模式无法有效承载管理服务职能。

同时，一些传统管理模式无法有效服务新时期国家来华留学工作方针。国际学生的教育管理并不仅以学业成长为目标，培养对中国普遍认同，"知华、友华、亲华"的高端人才是同等重要甚至更为重要的目标，而传统的管理服务模式无法使国际学生融入中国学生群体中，不利于国际学生对中国国情的了解，更谈不上培育"亲切感、认同感"，不利于服务国家外交工作大局。

趋同管理也是高等教育国际化的客观要求和国际高等教育领域的通行做法。随着全球化的日益加深，高等教育的国际化成为不可逆转的趋势。国际学生作为高校国际化的重要组成，其教育和管理水平已成为推动高校国际化进程的重要因素之一。（吴舒程、张轮和刘欣）国际化程度较高的欧美高校与我国港台地区高校均对国际学生进行趋同管理，且已建立较为成熟的制度，得到了学生与国际高等教育界的普遍认可。

综合来看，在全球化日益深化的今天，传统的"保姆式""隔绝式"的管理模式不利于中外学生融合，也无法使国际学生真正了解中国国情，影响其在华学习与生活体验，各种弊端日益显现。趋同化管理是来华留学工作发展的实际所需、服务国家外交工作大局的客观要求，也是我国高等教育国际化发展的必然选择。

我国部分高校结合我国国情、自身实际与特点，在实践中形成了几种主要的管理模式，并在一定历史时期发挥了积极作用。近年来，趋同化管理成为热议的话题，也被越来越多的高校接受并采用，（吴舒程、张轮和刘欣）形成了传统管理模式与趋同化管理模式并存的局面。

二、 部分高校国际学生趋同化管理的现状

针对国际学生群体的趋同管理是指在教育教学与管理服务方面，趋向于与本国学生相同的模式，同时尊重规律，针对国际学生的特点采取管理方式。而在生活服务上，实行开放式管理，充分发挥公共服务体系的作用，在政策允许的范围内提供相应便利，

增强认同感和归属感。（刘莉、丁洁和杨俐）

在高校层面，国际学生趋同化管理的最直接原因，往往是国际学生数量的快速增长。教育部在 2003 年提出的来华留学工作方针为"扩大规模、提高层次、保证质量、规范管理"，（范祥涛）可见"扩大规模"是首要任务，这也是全国范围内国际学生数量快速增长的政策背景。

从全国范围来看，接收国际学生的近 900 所高等学校、科研院所并没有进行大规模的变革，将国际学生融入中国学生的教育与管理服务体系之中。部分高校进行了趋同化管理的尝试，在实际工作中取得了一定的经验，也面临一些亟待解决的问题与挑战。

厦门大学在 2007 年采取了新的管理模式，明确提出国际学生应趋同于中国学生，从原有的"国际教育学院"模式转为趋同管理模式，从招生宣传到日常管理都形成了一套体制，将学院作为管理主体，在考虑国际学生特殊性的前提下推动趋同管理。在实践中，厦门大学面临国际学生语言学习障碍、不熟悉校纪校规、中外学生住宿分隔等问题。（郑晓、张驰、刘畅和吴院琴）

苏州大学在 2008 年因国际学生人数猛增，在管理体制上进行了重大调整，贯彻趋同管理的理念，（逄成华）将学生根据类别与院系归属划归各职能部门与院系管理。此次改革可谓大刀阔斧，但也存在语言教学质量不高、学生文化融入障碍较大、缺乏趋同管理实施细则等问题。

上海交通大学 2016 年国际学生总数为 6 700 人左右，其中学位生达 2 951 人。上海交大的国际学生管理服务模式别具一格，该校在国际处下设立"留学生发展中心"负责本科生与非学位生的招生、奖学金与保险等事务，而研究生的招生则由研究生院负责。从其部门职责看，留学生发展中心不承担学生日常管理、教务等具体事务，而是进行统筹协调，在一定程度上实现了趋同化。上海交大还通过设立国际学生辅导员、加强国际学生社团建设、配备住楼辅导员等方式，对国际学生管理服务模式进行了创新。（刘建新）

上海对外经贸大学经过两年的准备与调整，在 2011 年将学历留学生纳入中国学生管理体系，实施与中国学生统一的培养方案，国际学生甚至有机会申请去国外交流学习。但该校保持了一定的灵活性，在语言、高等数学等国际学生较为薄弱的课目，单独开设课程予以辅导，缓解学业压力。同时，还通过建设学生社团组织，促进中外学生融合。（李然）

西安电子科技大学在国际学生培养与管理中，通过加强入学指导教育、完善国际学生辅导员队伍建设等，在一定层面上推动趋同管理，但其整体的培养体制仍是独立于中国学生，国际学生的整体工作并没有融入全校工作之中。（黄山、张乐平和刘轩）

总体来看，推行趋同管理的部分高校，结合本校的实际，以不同方式、在不同程度上探索对国际学生的趋同管理与服务，取得了一些成绩，起到了一定的示范作用，但在趋同管理工作中也面临不同程度的问题与挑战，这些都需要在实践中探索，发现解决问题的方案。

三、 清华大学中外学生趋同管理的实践

近年来，在清华学习的国际学生人数迅速增加，原有的机制体制难以适应时代发展的需求。2016 年，清华大学制定并实施了《清华大学全球战略》，加快提升国际化办学能力，推进高质量国际合作办学，进一步加强国际学生管理服务工作，深入实施中外学生趋同管理工作。

清华大学为推进中外学生趋同管理而进行的机构改革与职能调整在 2016 年全面展开，推行中外学生在招生、培养和学位方面的趋同融合，以实现国际学生管理服务的专业化、国际化，在原外国留学生工作办公室的基础上设立国际学生学者中心，优化国际学生工作体系，多层面推进趋同管理工作。

（一） 招生、 培养、 学位上的趋同融合

推动相关职能部门将国际学生纳入自身职责范围，剥离原属外国留学生工作办公室的招生、培养、教务等方面的职能，改为由教务处、本招办、注册中心、研究生院、研招办等部门负责，推动各相关部门将国际学生纳入职责范围，推动各部门提升国际学生工作能力。自 2018 年起，国际本科生招生与中国学生同样进行大类招生，打破专业壁垒，国际学生学者中心负责外事身份审核把关工作。在培养和学位方面，将国际学生教学计划纳入学校总体教学计划，推动中外学生标准和要求一致，同时根据国际学生特点和需求，开设英文线性代数等课程，学籍与学位相关工作也由学校相关部门进行统一管理。

（二） 完善学生工作体系， 推动学生工作系统覆盖国际学生

清华的学生工作系统有自己的特色和优势，一直以学生为主体，打造了"双肩挑"特色的辅导员队伍。在趋同管理的新体制下，学生工作系统也将国际学生纳入工作范畴。2017 年，学校为了进一步完善国际学生工作体系，以"趋同与差异化管理相结合，融合发展，全面提高"的理念为指导，形成以国际处、学生部、研工部为业务指导部门，以院系学生工作队伍为依托，建立并完善覆盖全体国际学生的工作体系和协同工作机制，国际学生工作体系成为学生工作体系的有机组成部分。建立完善的国际学生工作体系和队伍目的在于全面提升面向国际学生的教育、管理与服务工作质量，推进中外学生趋同培养和管理，促进交流融合。学校出台了《关于完善国际学生工作体系的若干意见》等相关文件，按照"专兼职队伍相结合、中外学生趋同管理与差异化管理相结合"的原则，将国际学生工作体系融入学校学生工作体系，将国际学生纳入学生基数计算辅导员配比，按照 1：60 的比例配备辅导员。部分国际学生较多的院系，除了将国际学生纳入带班辅导员的工作范围，同时单独设立国际学生辅导员，协助带班辅导员开展工作。在学校层面，学生部、研工部、国际处形成了协同工作机制，协助全校范围内国际学生工作体系建设和工作推进。院系层面的学生事务工作助理也将国际学生

纳入日程管理服务工作范围，进一步推动了学生日常与院系的交流互动和融合。

（三） 提供发展支持， 实现公共服务的覆盖和趋同

按照中外学生趋同管理的要求与学校部署，学校整合资源、明确职责，将国际学生纳入发展支持体系，为学生提供的公共服务，如学习发展支持、心理咨询和辅导、职业发展、全球胜任力建设、校友工作等，要求全面覆盖国际学生，并充分考虑国际学生群体的多样性与差异化，有针对性地提供各项服务工作，在必要的情况下设置专人负责。以国际学生相对来说寻求支持较多的学业发展来说，学习发展中心设置专门的国际学生主管负责工作坊、咨询服务、小班辅导、一对一辅导等工作，有针对性地开展帮扶与支持。在心理中心提供的服务中，也包含了全英文心理咨询服务，并引入了外籍心理咨询师开展咨询服务。各发展支持专业部门，充分发挥专业服务能力为国际学生提供有针对性的指导和服务，不仅提升了国际学生的教育和生活体验，也促进了各部门提升国际化工作能力，取得了双向的效果。

（四） 坚持趋同与差异化相结合， 设立国际学生事务归口部门

国际学生工作体系的结构性调整，目的之一是为加强有针对性的管理和服务，学校在原外国留学生工作办公室的基础上设立国际学生学者中心。中心的成立，旨在为国际学生学者提供国际化的行政管理与一体化服务，促进中外学生学者交流融合、全面提升国际学生学者在校的工作、学习和生活体验质量，促进构建多元文化和谐共生的国际化校园，加深国际学生学者对中国文化和清华精神的理解与认同。

国际学生学者中心定位为国际学生事务的归口管理部门，是国际学生工作体系建设的指导协调部门，也是国际学生公共服务、发展支持工作的协同部门，同时直接负责涉外事务，如签证、保险、入学报到、实习就业、牵头突发事件处置等工作。国际学生学者中心设置的国际学生事务咨询师岗位，职责与其他学校的辅导员岗位有相似性，负责协同对口院系和校内各部处共同开展学生工作、处理学生事务及突发事件，与学生工作系统紧密配合，协调和指导院系学生工作队伍，对国际学生进行管理和服务，同时全面接触国际学生，特别是所联系院系的国际学生，了解学生的学习发展、文化融合、校园生活、思想动态等情况，了解国际学生的需求与面临的问题，形成有效的与国际学生沟通交流的机制。

（五） 全方位开展趋同融合工作， 大力提升国际化工作能力与校园国际化水平

趋同管理工作并非简单地将国际学生纳入相关部门的职责范围，而是涉及到整个体制机制的调整与全校范围内的工作方式、意识的改变，可以说需要全方位开展的工作，从学生招生、入学、生活、活动到毕业阶段，都涉及趋同融合工作。

清华大学在将相关职责划分到各部门的基础上，校内相关部门与学生组织也针对新情况、新形势做出了相应调整，全方位开展趋同融合工作。在入学教育方面，改变

以往国际学生晚于中国学生报到的做法，在中国学生军训期间，同期开展拓展营，进行体育训练和课程学习，抓住融合的关键期。在学生的日程活动开展与校园生活方面，学生会与研究生会大力开展国际化建设，加强与国际学生的联系及相关活动开展，吸纳国际学生骨干参与学生组织，并组织中外学生共同参与的实习实践等活动，促进中外学生融合。在学生工作方面，学生奖助体系、纪律处分等明确规定不包含国际学生的除外，全面适用于国际学生。在校园国际化建设与国际化工作能力提升方面，学校专门提出了"国际化能力提升计划"，明确涉及教学、管理与信息化建设方面的几十项具体任务，完善教育管理与服务体系，支持学校的中外学生趋同管理工作。

清华大学结合自身实际情况，大力推动趋同管理工作，经过两年多的职能调整与实践，校内各部门逐步明确自身的职责范围和边界，国际学生也逐渐适应与熟悉变革后的情况。同时，学校加强了针对国际学生多元文化背景的管理服务与校园国际化建设，创造了有利于国际学生学习与发展的良好环境，提升了国际学生的教育体验和生活体验。但在大力推进国际学生工作融入学校学生工作体系的过程中，也面临不少差异化和管理方式方法上的挑战。

四、 清华大学国际学生趋同管理工作面临的挑战

（一） 国际学生生源与中国学生有一定差异

欧美高校趋同管理建立在生源相同甚至国际学生质量高于本国学生的前提下，即默认国际学生在学习基础、语言成绩、学习能力等方面已经达到或接近本国学生的水平，不应有语言等障碍，这是同等对待本国学生与国际学生的基本前提。（陈诗佳）

虽然清华大学是国内顶尖、国际一流的高等学府，但不得不指出，其国际学生生源与国内学生仍有一定差异，这种差异在本科生层面更为明显，面对本科阶段的全中文教学，国际学生学习能力及基础教育背景与中国学生存在一定差别，为趋同化管理带来挑战。

（二） 同等考核标准面临考验

国际学生趋同管理的理念中，中外学生应采用相同的学业考核标准，也往往被认为是困难最小的方面。事实上，这种观点忽略了国际学生与中国学生教育背景衔接问题上存在的差异。例如，清华大学理工科专业非常注重高等数学等基础课，难度较大，但国外基础教育阶段的数学往往达不到国内同样的深度与难度。同时，作为清华大学传统之一，体育课与体质测试受到重视，合格标准较高，但对部分国际学生有一定挑战。

（三） 校园国际化建设滞后于趋同管理改革

趋同管理的基本做法是明确国际学生的"学生"身份，与中国学生在管理与服务上趋向一致，消除"超国民待遇"或"次国民待遇"。但清华大学趋同管理的改革与校

园国际化建设的步伐并不一致，趋同管理先于国际化能力建设，校内部分软硬件设施缺乏国际化考量，学校信息系统、选课系统等仍在逐步完善之中，给国际学生带来一定的学习与生活困难。校内各项公共支撑服务有待提高，在住宿、物业、健身、医疗、金融等公共服务设施方面还需进一步改进。

（四） 校内各部门在职能梳理与协同合作上仍需推进

从以往大小事务统一由"留办"处理到如今各学院、职能部门分工协作，从招生、日常管理与毕业涉及到诸多部门，各部门的职能梳理、与国际学生归口部门的关系、各部门之间的协同分工等都需进一步明确，国际学生从招生到毕业的全流程管理跨部门的协作联动工作机制应进一步加强。

（五） 校内各部门国际化管理服务水平有待提升

各职能部门、院系学生工作队伍有非常完善和成熟的中国学生管理体系和方法，但针对国际学生的语言文化多样性、政治敏感度、政策多变性等特点，在工作思路和方式上应结合国际学生的特殊性，制定适合的工作方法。

（六） 信息化建设滞后于国际学生发展的需求

校内相关网站较多，部分院系或部门的英文网站信息较少，学校主要的 Info 信息门户英文版推出不久，国际学生不易获取重要资讯，学校多部门的信息管理系统没有相互关联，国际学生有时需到多个部门登记同样的信息。

清华大学的趋同化管理模式具有鲜明的特色，将国际学生工作体系融入现有学校学生工作体系之中，同时院系承担起学生学业发展与成长的主体责任，这项变革是涉及全校范围的职能调整。但即使作为国内顶尖大学，清华大学的趋同管理也面临国内高校的共性问题，需要在实践中探索推进中外学生趋同管理的措施。

五、 提升清华大学国际学生趋同管理工作的思考

（一） 正视国际学生教育的发展阶段

如上文所谈，欧美高校将国际学生与本国学生进行相同管理的前提是招生的"同质化"，因欧美高等教育在全球范围内的影响力与吸引力，学生在语言、学习基础等方面按照其标准与招生要求予以准备，达到了其入学门槛。清华大学的国际学生生源与国内学生仍存在一定差异。因此，我们要正视"异多同少"的现状，正确看待国际学生教育的发展阶段，不能片面地理解欧美高校的趋同化管理模式。

（二） 差异化与趋同化相结合

趋同化不是简单的等同化，正如教育部国际司在《质量为先，实现来华留学内涵

式发展——教育部国际司负责人就来华留学相关问题答记者问》中所指出：既要对中外学生一视同仁，也要看到来华留学生风俗习惯和语言、文化存在差异，以合理、公平、审慎为原则，帮助来华留学生了解中国国情文化，尽快融入学校和社会。在教育教学方面，建立有效的教学辅导体系，向来华留学生提供学业帮扶；在管理服务方面，组织和引导来华留学生参加健康有益的课外教育活动，促进中外学生文化交流和互相理解。

一方面，我们要将国际学生纳入到学校整体人才培养和学生工作体系中，将他们视为学生群体的一部分，促进中外学生的交流与融合。另一方面，在将其纳入全校学生工作体系时，我们要考虑国际学生语言、文化、宗教、习俗等方面的差异，采取不完全等同于中国学生的工作理念和方法。在具体工作中，充分认识和理解"同中有异"，理清共同点和不同点，将趋同化与差异化相结合，提升工作的专业化水平。

（三） 加强队伍能力建设

国际学生来自不同国家，具有不同文化背景，在对学校规章制度、办事流程、课程知识等方面的理解上难免出现不同甚至负面想法。对于学校层面和院系层面的国际学生管理队伍而言，要重视跨文化差异，提升双语沟通能力，了解和理解跨文化沟通中的技巧和方法，开阔思路，加强跨文化理论学习培训和能力提升，在实践中探索与不同文化背景的学生进行更好沟通的方法。同时，要具备高度的政治敏感度，在开展国际学生工作时，要考虑我国外交和国家战略大局，向学生宣传中国形象，引导学生积极思考和理解中国国情和社会现象。此外，要了解学生所在国家政治、文化、宗教和习俗礼仪，避免出现误解和文化冲突。

（四） 加强各部门之间的协同配合， 形成工作合力

工作中，需明确国际学生教育和管理中各部门的职责，分工配合，重视工作中需衔接的部分，形成联动工作机制，加强国际学生工作统筹规划和布局，建立完善的管理服务体系和沟通协调机制。整合分散的资源信息和服务项目，为国际学生提供专业、统一、规范的信息。

（五） 推动校园国际化建设

在校园公共服务设施方面，要提升校园设施的双语化建设和国际化水平。在教室、餐饮、住宿、体育设施、医院、银行等多方面服务设施的设计和使用操作上，应以国际师生的使用便捷性和舒适度为根本，提升国际师生的使用体验和满意度，面向师生的重点服务窗口和主要公开信息实现双语化，打造绿色、智能、便捷、友好的国际化校园。

清华大学的中外学生趋同管理工作采用了趋同与差异化管理相结合的方式，在学业成长与教学方面，趋同为主流，但在学生事务管理与发展支持上，有同有异，为国

际学生提供差异化的服务。

　　清华大学在推进中外学生趋同管理的过程中，既有自己的特色做法，坚持发扬学校的优良传统，但也与国内许多高校一样，面临诸如生源差异、校园国际化不足、工作队伍能力有待提升、部门协同不够等方面的挑战。在趋同管理的实践中，还需进一步借鉴国内外优秀的实践经验，推动中外学生进一步融合，打造更为成熟的，具有清华特色的趋同管理模式。

参考文献

1 陈诗佳："中外高校留学生管理特点的比较与思考"，《浙江万里学院学报》，2016 年第 2 期，第 99—102 页。

2 范祥涛："论扩大来华留学研究生规模的招生策略"，《中国校外教育：上旬》，2014 年第 S2 期，第 337—339 页。

3 逄成华："论留学生校内趋同管理中的'同中有异'原则——以中国 SC 大学的趋同管理实践为例"，《黑龙江高教研究》，2011 年第 11 期，第 72—74 页。

4 顾莺、陈康令："高校留学生趋同化管理的比较研究——以全球 8 所高校为例"，《思想理论教育（上半月综合版）》，2013 年第 5 期，第 81—91 页。

5 黄山、张乐平和刘轩："来华留学生趋同化管理研究与分析——以西安电子科技大学为例"，《科教导刊》，2017 年第 12 期，第 180—181 页。

6 李然："适度而灵活：来华学历留学生趋同化管理的思考——基于我校来华学历留学生管理实践的研究"，《外国留学生工作研究》，2016 年第 4 期，第 61—66 页。

7 刘建新："高校外国留学生辅导员队伍建设研究"，《来华留学教育研究》，北京：北京语言大学出版社，2016 年，第 3—16 页。

8 刘京辉："在中国高教学会外国留学生教育管理分会第六次会员代表大会上的讲话"，《外国留学生工作研究》，2017 年第 3 期，第 4—7 页。

9 刘莉、丁洁和杨俐："校院两级体制下的留学生趋同化管理探索——以复旦大学为例"，《外国留学生工作研究》，2019 年第 3 期，第 65—71 页。

10 彭庆红、李慧琳："从特殊照顾到趋同管理：高校来华留学生事务管理的回顾与展望"，《河南师范大学学报（哲学社会科学版）》，2012 年第 5 期，第 241—245 页。

11 吴舒程、张轮和刘欣："我国高校留学生趋同化管理存在的问题及对策研究"，《科教文汇》，2017 年第 8 期，第 1—3 页，第 16 页。

12 郑晓、张驰、刘畅和吴院琴："从外籍学生角度看大陆高校对外籍学生的管理——以厦门大学为主兼与台湾高校对比"，《教育教学论坛》，2013 年第 43 期，第 159—162 页。

中国概况课程混合式学习情况调查研究

于晓婷　程爱民*

摘要： 本文以混合式教学分析框架和自主学习研究框架为基础设计问卷，以南京大学2018秋季学期参加中国概况课程的留学生为研究对象。通过对102位被试的调查，结合访谈，从学习动机、条件准备、学习过程、满意度和学习效果等多方面分析与展现了混合式学习中留学生学习中国概况课程的具体情况，同时探讨了留学生选择与未选择在线学习的原因、影响因素等问题。

关键词： 中国概况　混合式学习　调查研究

Abstract： Based on the analysis framework of blended teaching and the research framework of self-regulated learning, this paper designs a questionnaire and takes the international students choosing the course "Understanding China" at Nanjing University in autumn 2018 as the research object. Through a general survey of 102 subjects and interviews, this paper analyzes and shows the specific situation of international students in studying "Understanding China" by using the blended learning method from the aspects of learning motivation, readiness, learning process, satisfaction and learning effect. At the same time, this paper also explores the reasons and influence factors of international students' choosing and not choosing online learning.

Key Words： *Understanding China*, blended learning, survey

一、研究背景

　　当前，以互联网为代表的信息技术正深刻地影响着教育。整合了在线学习与传统课堂学习的"混合式学习"是互联网技术影响下传统教育变革过程中不容忽视的一种模式。关于混合式学习（Blended learning），辛格和里德（Singh & Reed，2001）、祝智庭等（2003）、何克抗（2004）等都做过专门研究。本文中的混合式学习指的是一门课程以数字课程为依托，采用面对面课堂学习与在线学习相结合的形式，其深层目的在于整合传统教学方式和数字化学习方式的优势，通过满足学习者个性化需求来提升教学质量和学习效果，体现"以学生为中心"的学习理念。

---

*　于晓婷，江苏省常熟市常清中学教师，南京大学硕士。
　程爱民，南京大学海外教育学院教授。

为了让来华留学生更好地了解中国，教育部、外交部、公安部在 2017 年第 42 号令《学校招收和培养国际学生管理办法》第十六条做出明确的规定：中国概况应当作为高等学历教育的必修课。目前虽然多数高校开设了中国概况课程，但由于受到师资、教材、教学资源等不同因素的影响，此课程教学目前尚存在着不少问题。为此，南京大学程爱民教授联合北京大学、浙江大学等 12 所高校专家合作建设中国概况数字课程，打造在线学习平台，这一举措是"互联网＋"背景下开展教学创新的有益尝试。而如何利用中国概况数字课程及其平台，通过在线学习或者混合式学习推进教学创新，促进课程的改革与发展，提高教学质量是十分值得探讨的问题。

二、 研究设计

（一） 课程情况介绍

2018 年 9 月，南京大学面向学校仙林、鼓楼两个校区的留学生学历生开设中国概况课，按学历和汉语水平等情况分成 3 个班授课。课程配备一位主讲教师和三位助教。教材为程爱民教授主编、上海外语教育出版社于 2018 年出版的《中国概况》（中文版），与中国概况在线学习平台的数字课程配套。考核方式以闭卷测验为主。授课地点均在南京大学鼓楼校区。班级间的最主要区别是：研究生课程为一学期，每周一次三节课；本科生课程为一学年，每周一次两节课。

2018 年秋季学期，研究生班有 29 位学生，两个本科班共 105 位学生参与课程学习（不含免修学生）。我们为每位学生统一注册了中国概况学习平台账号，留学生可以自主选择是否参与在线学习。由于课程长度不同，本科生每学期可选择 1—3 章内容、研究生可选择 3—6 章内容进行在线学习。学生平台视频观看量和练习完成情况计入课程考核得分。

（二） 研究工具设计

1. 研究框架和研究问题

对于混合式学习的分析，冯晓英等（2018）从准备度、设计与实施、影响三方面构建了混合式教学的系统分析框架。由于本研究重点关注学生学习情况，因此淡化"教"的准备与设计，突出学生在混合式学习中"学"的准备（态度、能力）和影响（评价和满意度）等。混合式学习尤其是在线学习过程中，学习者需要自主学习。齐默尔曼（Zimmerman 1994）的自主学习系统框架，包含为什么学、如何学、何时学、学什么、在哪里学、与谁一起学这 6 个核心问题，对于研究混合式学习具有重要的指导意义。基于上述两个研究框架，本研究将拟要解决的问题细化为：

（1）学生为什么学此课程？学习动机是什么？

（2）学生具备了什么样的态度和能力？

（3）混合式学习过程中，学生是怎么学习的？课堂学习行为如何？在线学习情况如何？

（4）学生的学习效果怎么样？有何成效？

（5）学生如何评价混合式学习？是否满意？

同时，由于不是所有留学生都参与了在线学习，因此调查还包括以下问题：

（6）学生选择或者不选择在线学习的原因是什么？有哪些影响因素？

（7）进行混合式学习与没有进行混合式学习的学生，在学习效果、满意度上有何差异？

2. 调查问卷设计

根据上述研究问题，本研究的问卷的目标体系见表1。

表 1　问卷的目标体系

1. 个人基本情况	国籍、性别、年龄、学历、专业、年级、汉语水平、来华时间
2. 学习动机	来华留学的主要原因、目的 学习中国概况课程的目的、动机 选择/没有选择在线学习的原因
3. 条件准备	态度准备：对于中国概况课程、混合式学习（在线学习）的态度 能力准备：中国概况课程学习经历、混合式学习（在线学习）经历
4. 学习过程	课堂学习投入 在线学习情况：学习时间、在线学习表现、学习困难、学习支持等
5. 学习评价	学习效果：知识、能力 满意度：对教师、课程、在线学习平台的评价
6. 意见与建议	对课程与在线学习的意见与建议

项目编制上，学习动机和态度准备主要参考了加德纳和兰伯特的 AMTB 量表（Gardner and Lambert 1972）和宾特里奇等的 MSLQ 量表（Pintrich et al. 1993）。能力准备部分的编制借鉴了王赛男（2018）、乜勇（2011）、杜世纯（2017）等相关调查。学习过程分为课堂学习投入和在线学习情况。龚少英等（2017）指出，随着混合式学习的兴起，学习投入作为影响学生学习质量的重要变量日益受到重视。此部分参考了王添淼（2017）汉语学习投入量表、唐孙茹（2014）和董杜斌（2015）的在线学习情况调查。学习评价包括学习效果和满意度。学习效果通过留学生自评学习成就来反映，借鉴了王添淼（2017）、王晶心等（2018）的学习成效问卷。满意度是在李宝等（2015）、王晶心等（2018）混合式学习满意度研究基础上设计而成。形式上，问卷主要采用选择题和李克特5级量表[①]。

---

① 李克特5级量表是目前调查研究中广泛使用的量表。当受测者回答此类问卷的项目时，他们具体指出自己对该项陈述的认同程度，通常使用五个回应等级，例如：1. 非常不同意 2. 不同意 3. 既不同意也不反对 4. 同意 5. 非常同意。

（三）研究实施

正式调查前，笔者针对第一版问卷进行了小范围试测。SPSS 分析发现，问卷量表信度高，α 系数达到了 0.889，适切性良好。正式调查于 2018 年 12 月 18—31 日在各班微信群发布。截至 12 月 31 日，共收到 105 份问卷。经过剔除作答时间过短和有明显答题惯性的问卷，共得到 102 份有效问卷，有效率为 97.1%。问卷调查后，还选取了 15 位参与在线学习和 9 位未选择参与的留学生就混合式学习中的关键问题进行访谈，覆盖了不同学历、主要国家、学院和年级的留学生。

三、研究结果分析

（一）问卷结果分析

1. 被试基本信息

参与 2018 年秋季学期中国概况课程的 102 位被试（36 位男生，66 位女生），来自 19 个不同国家，年龄基本在 25 岁以下（占 91.18%）。研究生 20 位，本科生 82 位，以 2018 级新生为主（占 62.75%）。大多来华时间为两年以内（占 68.62%），三年及以上占 31.38%。被试汉语水平达到高级的共占 93.14%。综合以上情况，笔者推测参与 2018 秋季学期中国概况课程的留学生，经过一定时间的汉语学习和在华留学生活，已对中国有了一些基本的认识，但在广度和深度上需要进一步提高。

2. 学习动机分析

学习动机是学习者行为的驱动力。问卷中相关题目涉及多选题，综合表 2 中响应率和普及率两个值发现，本学期参与调查的中国概况课程留学生，来华最主要的原因是出于对中国文化的兴趣，并想要更好地了解中国，内部动机高。留学最主要的目的是学习汉语、了解中国社会和进行专业研究。

表 2　被试来华留学的主要原因、主要目的统计

1. 来中国留学的主要原因是（多选）	响应		普及率（N＝102）	排序
	N	响应率		
A. 对中国文化感兴趣	59	32.8%	57.8%	1
B. 更好地了解中国社会和中国人的生活	58	32.2%	56.9%	2
C. 为了奖学金	15	8.3%	14.7%	5
D. 找到一份好工作	29	16.1%	28.4%	3

（续表）

1.来中国留学的主要原因是（多选）	响　应		普及率 （N＝102）	排序
	N	响应率		
E. 其他	19	10.6%	18.6%	4
汇总	180	100%	176.5%	

2.来中国留学的主要目的是（多选）	响　应		普及率 （N＝102）	排序
	N	响应率		
A. 学习汉语	71	37.8%	69.6%	1
B. 专业研究	44	23.4%	43.1%	3
C. 了解中国社会	46	24.5%	45.1%	2
D. 满足工作需要	21	11.2%	20.6%	4
E. 其他	6	3.2%	5.9%	5
汇总	188	100%	184.3%	

　　本学期学习课程的主要目的，由表3可知，主要是获得相应学分和增加对中国的了解。课程学习的内、外部动机水平的平均值均超过了李克特5级量表的3分临界值，说明内、外部动机都较高。其中，被试在第32题获得学分上的认同度远高于其他项，一定程度上表明，课程学习的外部动机要略高于内部动机。

表3　被试课程学习动机统计

3.上中国概况课的主要目的是（多选）	响　应		普及率 （N＝102）	排序
	N	响应率		
A. 满足兴趣	30	17.3%	29.4%	3
B. 增加对中国的了解	55	31.8%	53.9%	2
C. 获得相应学分	65	37.6%	63.7%	1
D. 加强专业学习	15	8.7%	14.7%	4
E. 其他	8	4.6%	7.8%	5
汇总	173	100%	169.6%	

名　称	样本量	最小值	最大值	平均值	标准差	中位数
内部动机	102	1	5	3.588	0.916	3.5
外部动机*	102	1	5	3.789	0.797	4

	题　号	样本量	最小值	最大值	平均值	标准差	中位数	排序
内部动机	26. 我更喜欢课程里引起我好奇心的学习内容，即使这些东西很难懂。	102	1	5	3.637	0.983	4	2
	30. 在中国概况课程中，我更喜欢有挑战性的内容，因为我可以学到新东西。	102	1	5	3.539	1.114	4	4
外部动机	32. 取得本课程的学分对我来说是最重要的事情。*	102	1	5	3.961	0.889	4	1
	36. 对本课程，我主要关注考试的分数。	102	1	5	3.618	0.934	4	3

3. 条件准备分析

（1）态度准备分析

态度准备由课程态度和混合式学习态度两个维度构成。课程态度方面，由表4可知，被试的任务价值、学习信念、自我效能和考试焦虑均值都超过了3分，水平都较高。学习信念得分最高，任务价值次之，自我效能和考试焦虑得分相对最低。

表4　被试课程态度统计

名　称	样本量	最小值	最大值	平均值	标准差	中位数	排序
任务价值	102	1	5	3.659	0.823	3.75	2
学习信念	102	1	5	3.778	0.754	4	1
自我效能	102	1	5	3.467	0.918	3.667	3
考试焦虑	102	1	5	3.441	0.986	3.5	4

通过表5中得分较高的34、27、33、24等题可见，留学生对中国概况课程学习整体持正面、积极的态度，学习信念强，价值获得感高；对于课程内容学习表现出一定的兴趣和较高的自我效能感，但是也伴随有考试引发的焦虑。

表5　被试课程态度统计

	题　号	样本量	最小值	最大值	平均值	标准差	中位数
学习信念	34. 只要我足够努力，我就能理解本课内容。*	102	1	5	4	0.844	4
	27. 用恰当的方法，我能够学好这门课。*	102	1	5	3.863	0.89	4

（续表）

	题号	样本量	最小值	最大值	平均值	标准差	中位数
学习信念	37.如果我学不好本门课程，那主要是我自己的原因。	102	1	5	3.471	1.05	4
任务价值	33.学习本课程的相关内容对我来说很重要。*	102	1	5	3.706	0.816	4
	24.我觉得本课程有用处，值得学习。	102	1	5	3.725	1.036	4
	25.我对本课程教材里的内容很感兴趣。	102	1	5	3.608	0.987	4
	29.我喜欢本课程的主题内容。	102	1	5	3.598	0.988	4
自我效能	35.我确信自己能读懂本门课程教材中最难的部分。	102	1	5	3.52	1.012	4
	31.我肯定能掌握本课程所教的内容。	102	1	5	3.471	1.012	4
	28.我相信自己能在这门课程上获得优秀的成绩。	102	1	5	3.412	1.047	3
考试焦虑	38.考试时，我心里总是担心后边某道题中有自己答不上来的部分。	102	1	5	3.598	1.017	4
	39.测试时我总是紧张不安。	102	1	5	3.284	1.172	3

混合式学习的态度由第10、11题反映。从表6中可看出，对于混合式学习，部分留学生持存疑态度，但是主体（占48.04%）还是认为混合式学习是更适合中国概况课程的形式，仅19.61%明确认为课堂学习这一传统方式更好。

表6　被试混合式学习态度统计

题号	选项	人数	百分比（%）	排序
10.您认为线上、线下相结合的混合式学习能否对学业有帮助？	A.肯定可以	21	20.59%	3
	B.可以	26	25.49%	2
	C.不太可以	51	50%	1
	D.不可以	4	3.92%	4
11.对于中国概况课，您认为以下哪种学习方式更好？	A.仅在线学习	13	12.75%	3
	B.仅课堂学习	20	19.61%	2

（续表）

题　号	选　项	人数	百分比（%）	排序
11. 对于中国概况课，您认为以下哪种学习方式更好？	C. 在线学习与课堂学习相结合	49	48.04%	1
	D. 不确定	20	19.61%	2
合　　计		102	100%	

（2）能力准备分析

能力准备主要通过留学生的中国概况课程学习经历、混合式学习（在线学习）经历呈现。从表7发现，六成留学生此前未上过中国概况类课程，对中国的了解，基本处于"有一点了解"和"比较了解"之间。

表 7　被试中国概况课学习经历统计

题　号	选　项	人数	百分比（%）
4. 您以前是否学习过中国概况类课程？	A. 是	40	39.22%
	B. 否	62	60.78%
5. 您觉得自己对中国的了解程度怎么样？	A. 非常了解	8	7.84%
	B. 比较了解	42	41.18%
	C. 有一点了解	42	41.18%
	D. 不太了解	10	9.8%
合　　计		102	100%

表8的混合式学习（在线学习）经历显示，仅有22.55%和35.29%的留学生参与过在线课程和混合式学习课程。在线学习经历少，一定程度将会影响留学生选择混合式学习（在线学习）以及相应的学习效果。

表 8　被试混合式学习（在线学习）经历统计

题　号	选　项	人数	百分比（%）
6. 您以前是否参加过网上在线课程？（比如 MOOC）	A. 是	23	22.55%
	B. 否	79	77.45%
9. 您以前是否参加过在线学习与课堂学习相结合的课程？	A. 是	36	35.29%
	B. 否	66	64.71%
合　　计		102	100%

4. 参与/未参与在线学习的原因及影响因素分析

（1）主要原因的统计结果

102 位被试中，47 位选择参与了中国概况在线学习，55 位未选择。由表 9 可知，留学生选择在线学习最主要是因为可以灵活安排学习时间，部分还出于兴趣、想获得更多知识。而未选择的最主要原因是不习惯在线学习，没有兴趣、上网学习不方便也是部分原因。

表 9　是否参与在线学习的主要原因统计

13. 参与在线学习主要原因（多选）	响应		普及率（N＝47）	排序
	N	响应率		
A. 感觉有兴趣	11	16.4%	23.4%	2
B. 想获得更多知识	10	14.9%	21.3%	3
C. 受到同学的影响	1	1.5%	2.1%	5
D. 可以灵活安排学习时间	39	58.2%	83.0%	1
E. 其他	6	9.0%	12.8%	4
汇总	67	100%	142.6%	
14. 未参与在线学习主要原因（多选）	响应		普及率（N＝55）	排序
	N	响应率		
A. 没有兴趣	18	24.3%	32.7%	2
B. 上网学习不方便	17	23.0%	30.9%	3
C. 不习惯在线学习	28	37.8%	50.9%	1
D. 没有电脑等移动设备	1	1.4%	1.8%	5
E. 其他	10	13.5%	18.2%	4
汇总	74	100%	134.5%	

（2）影响因素探析

为进一步探究影响因素，以"是/否在线学习"这一情况作为自变量，通过卡方检验[①]和方差分析[②]比较两个群体在学习背景、课程学习动机和条件准备上的差异。

[①] 卡方检验是一种使用非常广泛的检验方法，用于分析定类数据与定类数据之间的差异关系情况。本调查中采用卡方检验比较两个群体在选择题各选项上的差异。

[②] 方差分析则用于研究定类数据与定量数据之间的差异关系情况。本调查中课程学习动机和态度准备两部分量表使用方差分析。

1) 学习背景上的差异

国籍、学院、专业的分类不定，人数分布不均，不适宜进行卡方检验。其余项目经检验发现，是否在线学习对于学历、汉语等级呈现出 0.05 水平显著性（P＝0.028、P＝0.011），在性别（P＝0.056）、年龄（P＝0.795）、年级（P＝0.108）、来华时间（P＝0.416）上表现出一致性。由表 10 百分比进一步对比发现，就全体被试而言，本科生内部更倾向选择在线学习，研究生内部倾向不选择。

针对这一现象，笔者与助教们沟通后发现，该情况与学生校区分布、上课时间有密切关系。经数据发现，82 位本科生被试中，56 位在仙林校区，而 20 位研究生仅有 7 位在仙林校区。此外，研究生的中国概况课安排在下午，而本科生的课程安排在晚上。因此，对跨校区、晚上上课的本科生来说，在线学习的客观便利性更大。

表 10 学习背景上的卡方检验结果

题 目	名 称	在 线 学 习		总 计	X^2	p
		是	否			
性别	男	12（25.53）	24（43.64）	36（35.29）	3.637	0.056
	女	35（74.47）	31（56.36）	66（64.71）		
总 计		47	55	102		
年龄	20 岁以下	12（25.53）	12（21.82）	24（23.53）	1.027	0.795
	20—25 岁	32（68.09）	37（67.27）	69（67.65）		
	26—30 岁	2（4.26）	5（9.09）	7（6.86）		
	30 岁以上	1（2.13）	1（1.82）	2（1.96）		
总 计		47	55	102		
学历	本科生	43（91.49）	39（70.91）	82（80.39）	7.167	0.028*
	硕士生	4（8.51）	14（25.45）	18（17.65）		
	博士生	0（0.00）	2（3.64）	2（1.96）		
总 计		47	55	102		
年级	2015 级	7（14.89）	1（1.82）	8（7.84）	6.079	0.108
	2016 级	7（14.89）	10（18.18）	17（16.67）		
	2017 级	6（12.77）	7（12.73）	13（12.75）		
	2018 级	27（57.45）	37（67.27）	64（62.75）		
总 计		47	55	102		

（续表）

题　目	名　称	在线学习		总　计	X²	p
		是	否			
汉语等级	HSK4 级	3 (6.38)	4 (7.27)	7 (6.86)	11.174	0.011*
	HSK5 级	13 (27.66)	24 (43.64)	37 (36.27)		
	HSK6 级	23 (48.94)	27 (49.09)	50 (49.02)		
	无证书	8 (17.02)	0 (0.00)	8 (7.84)		
总　计		47	55	102		
来华时间	1 年以下	18 (38.30)	16 (29.09)	34 (33.33)	4.997	0.416
	1—2 年	17 (36.17)	19 (34.55)	36 (35.29)		
	3—4 年	5 (10.64)	13 (23.64)	18 (17.65)		
	5—6 年	3 (6.38)	4 (7.27)	7 (6.86)		
	7—8 年	0 (0.00)	1 (1.82)	1 (0.98)		
	8 年以上	4 (8.51)	2 (3.64)	6 (5.88)		
总　计		47	55	102		

*p<0.05　**p<0.01

2）课程学习动机上的差异

首先，在课程学习主要目的上，两个群体表现出一致性。其次，课程学习动机中，由表 11 可知，不同样本的内部动机呈现出 0.05 水平显著性（P=0.032），外部动机呈现出 0.01 水平显著性（P=0.006）。选择在线学习的留学生内、外部动机分别高于未选择在线学习的留学生，说明动机水平可能会影响留学生是否选择参与在线学习。

表 11　课程学习动机上的方差分析结果

	是否选择在线学习（平均值±标准差）		F	p
	是（N=47）	否（N=55）		
内部动机	3.80±0.92	3.41±0.88	4.736	0.032*
外部动机	4.02±0.79	3.59±0.75	7.886	0.006**

*p<0.05　**p<0.01

3) 准备度上的差异

① 态度准备上的差异

两个群体在态度准备上存在差异。首先，课程态度方面，从表12可知，两个群体的学习信念、自我效能呈现出0.01水平显著性（P＝0.007，P＝0.001）。选择在线学习留学生的学习信念、自我效能均高于未选择的学生。可见，选择在线学习的留学生，学习信念更强，自我效能感更高。

表 12　课程态度上的方差分析结果

	是否选择在线学习（平均值±标准差）		F	p
	是（N＝47）	否（N＝55）		
任务价值	3.74±0.81	3.59±0.84	0.938	0.335
学习信念	3.99±0.70	3.59±0.76	7.558	0.007**
自我效能	3.78±0.87	3.20±0.88	11.13	0.001**
考试焦虑	3.38±1.11	3.49±0.87	0.302	0.584

* $p < 0.05$　** $p < 0.01$

其次，混合式学习态度上，由表13的百分比对比发现，认为混合式学习可以帮助学业的留学生，更多地选择了在线学习。反之，认为混合式学习不太能帮助学业的留学生，多数未选择在线学习。可见，对于混合式学习的态度也可能会影响留学生是否会选择在线学习。

表 13　混合式学习态度上的卡方检验结果

题　目	名　称	是否选择在线学习		总计	X^2	p
		是	否			
10. 您认为线上、线下相结合的混合式学习能否对学业有帮助？	A. 肯定可以	12 (25.53)	9 (16.36)	21 (20.59)	8.552	0.036*
	B. 可以	16 (34.04)	10 (18.18)	26 (25.49)		
	C. 不太可以	19 (40.43)	32 (58.18)	51 (50.00)		
	D. 不可以	0 (0.00)	4 (7.27)	4 (3.92)		
总　计		47	55	102		

* $p < 0.05$　** $p < 0.01$

最后，两个群体在对中国概况学习方式看法上未表现出差异性，但从表14选项C的数据发现，若留学生对混合式学习方式持肯定态度，则会更偏向选择在线学习。

表14　中国概况学习方式上的卡方检验结果

题　目	名　称	是否选择在线学习		总计	X²	p
		是	否			
11. 对于中国概况课程,您认为以下哪种学习方式更好?	A. 仅在线学习	7 (14.89)	6 (10.91)	13 (12.75)	7.405	0.06
	B. 仅课堂学习	4 (8.51)	16 (29.09)	20 (19.61)		
	C. 在线学习与课堂学习相结合	27 (57.45)	22 (40.00)	49 (48.04)		
	D. 不确定	9 (19.15)	11 (20.00)	20 (19.61)		
总　计		47	55	102		

* p<0.05　＊＊p<0.01

综合态度准备上的差异可发现,学习信念高、自我效能感强、更认识到课程的重要性、对混合式学习持肯定态度的留学生更倾向选择在线学习。

②能力准备上的差异

能力准备方面,由表15可知,是否选择在线学习样本在第5题选项上呈现出0.05水平显著性(P=0.047),在第6、9题选项上呈现出0.01水平显著性(P=0.002、P=0.008)。留学生若认为自己对中国比较了解,有过在线学习和混合式学习经历,更倾向选择在线学习。因此,留学生对中国的了解程度、在线学习和混合式学习经历均可能影响留学生是否选择在线学习。

表15　能力准备上的卡方检验结果

题　目	选项	是否选择在线学习		总计	X²	p
		是	否			
5. 您觉得自己对中国的了解程度怎么样?	A. 非常了解	5 (10.64)	3 (5.45)	8 (7.84)	7.94	0.047*
	B. 比较了解	25 (53.19)	17 (30.91)	42 (41.18)		
	C. 有一点了解	13 (27.66)	29 (52.73)	42 (41.18)		
	D. 不太了解	4 (8.51)	6 (10.91)	10 (9.80)		
总　计		47	55	102		
6. 您以前是否参加过网上在线课程?(比如MOOC)	A. 是	17 (36.17)	6 (10.91)	23 (22.55)	9.26	0.002**
	B. 否	30 (63.83)	49 (89.09)	79 (77.45)		
总　计		47	55	102		

（续表）

题　目	选　项	是否选择在线学习		总计	X²	p
		是	否			
9. 您以前是否参加过在线学习与课堂学习相结合的课程？	A. 是	23（48.94）	13（23.64）	36（35.29）	7.103	0.008**
	B. 否	24（51.06）	42（76.36）	66（64.71）		
总　计		47	55	102		

* p＜0.05　** p＜0.01

　　总结以上所有差异分析结果，可知课程学习动机、学习信念、自我效能、对课程重要性的认识、对混合式学习的态度、对中国的了解程度、在线学习与混合式学习经历均可能会影响留学生是否选择参与在线学习。

5. 学习过程分析

（1）课堂学习投入分析

　　课堂学习投入分为行为投入和情感投入两部分。从表16、17可看出，中国概况混合式学习中，留学生整体课堂学习投入良好，情感投入略高于行为投入。选择在线学习的留学生课堂学习投入显著高于没有选择在线学习的留学生。

表16　被试课堂学习投入统计

名　称	样本	最小值	最大值	平均值	标准差
整体课堂学习投入	102	1	5	3.468	0.685
课堂学习行为投入	102	1	5	3.35	0.729
课堂学习情感投入	102	1	5	3.586	0.776

表17　课堂学习投入上的方差分析结果

	是否参与在线学习（平均值±标准差）		F	p
	是（N＝47）	否（N＝55）		
总体课堂学习投入	3.68±0.54	3.29±0.75	8.818	0.004**
课堂学习行为投入	3.58±0.61	3.15±0.77	9.338	0.003**
课堂学习情感投入	3.78±0.63	3.42±0.85	5.506	0.021*

* p＜0.05　** p＜0.01

（2）在线学习过程分析

在线学习过程从学习内容选择、学习行为表现、学习时长、学习困难、学习效果等方面，展现了 47 位留学生利用中国概况学习平台的在线学习情况。

由表 18 可知，留学生选择在线学习内容最主要根据时间安排来选择，其次根据自己的兴趣和对内容的熟悉度，总体上与选择在线学习的原因较一致。

表 18　在线学习内容选择方式统计

名　称	选　项	人数	百分比（%）	排序
15. 您主要是如何选择本学期在线学习内容的?	A. 根据自己的兴趣	5	10.64%	2
	B. 根据自己的时间安排	35	74.47%	1
	C. 为了了解比较陌生的内容	2	4.26%	4
	D. 为了复习已经熟悉的内容	4	8.51%	3
	E. 其他	1	2.13%	5
合　计		47	100%	

学习方式上，从图 1 与表 19 可发现，61.7% 的留学生使用空余时间完成在线学习任务，各有 17.0% 的留学生按照一定计划完成或一次性完成。在线学习时，大部分留学生是先看教学视频后完成对应练习题，学习过程中会做笔记，多为记录重要知识点。

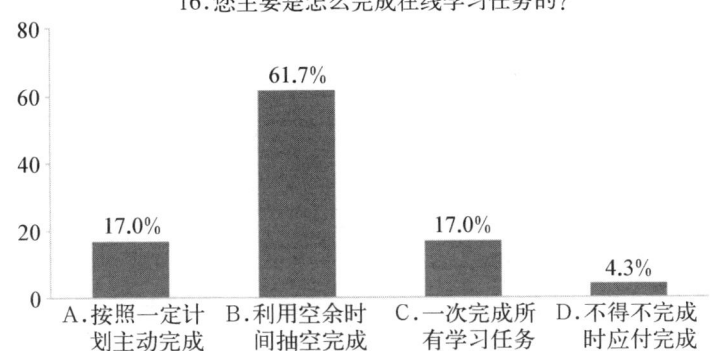

16.您主要是怎么完成在线学习任务的?

图 1　完成在线学习任务方式

表 19　在线学习学习方式统计

名　称	选　项	人数	百分比（%）	排序
17. 您一般如何安排观看课程视频与做习题?	A. 先看视频再做习题	36	76.6%	1
	B. 先做习题再看视频	4	8.51%	2

（续表）

名　　称	选　项	人数	百分比（%）	排序
17. 您一般如何安排观看课程视频与做习题？	C. 以看视频为主	4	8.51%	2
	D. 以做习题为主	3	6.38%	3
18. 观看在线教学视频过程中，您一般是如何做笔记的？	A. 记重要知识点	27	57.45%	1
	B. 记心得体会	6	12.77%	3
	C. 随意记录有关内容	4	8.51%	4
	D. 没有做笔记的习惯	9	19.15%	2
	E. 其他	1	2.13%	5
合　　计		47	100%	

　　学习困难和学习支持方面，表 20 表明，36.2%的留学生在线学习并无问题。其余学生遇到的主要困难依次是：平台操作不便、语言障碍、学习时间不足、没有动力坚持。留学生最希望得到的学习帮助是技术指导和在线答疑，其次是教师的激励和同学的帮助。

表 20　在线学习困难、学习支持统计

19. 在线学习过程中，您遇到的主要困难有（多选）	响　应		普及率（N＝47）	综合排序
	N	响应率		
A. 视频课程太难	2	3.6%	4.3%	5
B. 语言障碍	8	14.5%	17.0%	3
C. 平台操作不便	12	21.8%	25.5%	2
D. 学习时间不够	8	14.5%	17.0%	3
E. 没有坚持的动力	7	12.7%	14.9%	4
F. 其他	1	1.8%	2.1%	6
G. 没有困难	17	30.9%	36.2%	1
汇总	55	100%	117.0%	
20. 在线学习过程中，您最希望获得的学习支持是（多选）	响　应		普及率（N＝47）	综合排序
	N	响应率		
A. 在线答疑	21	33.9%	44.7%	1
B. 技术指导	21	33.9%	44.7%	1
C. 教师的激励	9	14.5%	19.1%	2

20.在线学习过程中，您最希望获得的学习支持是（多选）	响 应		普及率（N＝47）	综合排序
	N	响应率		
D.同学的帮助	7	11.3%	14.9%	3
E.其他	4	6.5%	8.5%	4
汇总	62	100%	131.9%	

学习结果是在学期结束后在教师平台上进行统计的，本学期参与在线学习的本科生人均完成了2章左右的学习，研究生完成了3—4章左右的学习。

在线学习效果，从图2看，44.7%认为比较好，29.8%认为非常好，23.4%认为一般。被试中认为在线学习对中国概况课程学习"非常有帮助"的占27.7%，"比较有帮助"占38.3%，"有一点帮助"占34.0%，可见参与在线学习的留学生均感到有所帮助。

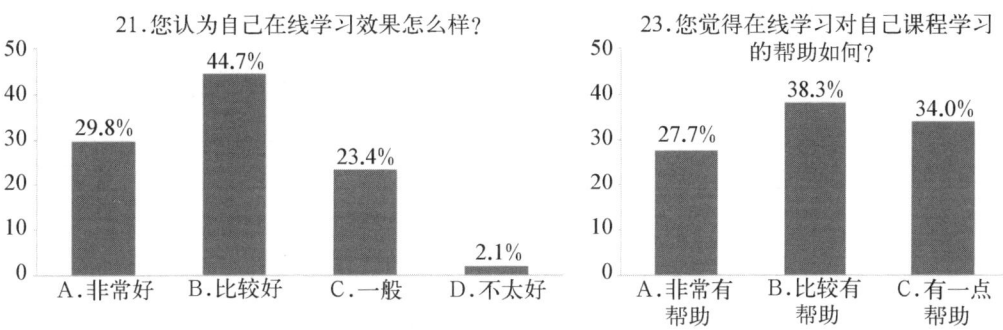

图2　在线学习效果、学习帮助统计

影响在线学习效果的因素，从表21可知，74.5%认为主要取决于自身的努力程度，46.8%认为在线课程质量会对学习效果有所影响。因此，努力程度和在线课程的质量在很大程度上会影响在线学习效果。

表21　影响在线学习效果因素统计

22.您认为影响在线学习效果的因素有哪些：（多选）	响 应		普及率（N＝47）	综合排序
	N	响应率		
A.自己的努力程度	35	47.3%	74.5%	1
B.在线课程的质量	22	29.7%	46.8%	2
C.任课教师的指导	12	16.2%	25.5%	3
D.同学之间的协作	3	4.1%	6.4%	4
E.其他	2	2.7%	4.3%	5
汇总	74	100%	157.4%	

综合上述在线学习过程情况可知：选择在线学习的被试最主要根据时间安排来选择在线学习的章节，并主要利用空余时间完成学习任务。在线学习时，一般先看教学视频后完成对应练习题，大部分会做笔记，以记重要知识点为主。留学生遇到的主要困难依次是平台操作不便、语言障碍、学习时间不足、没有动力坚持。最希望得到的学习帮助是技术指导和在线答疑，其次是教师的激励和同学的帮助。本学期参与在线学习的本科生人均完成了 2 章左右的学习，研究生完成了 3—4 章左右的学习。总体上，留学生感到在线学习效果好，为学习提供了有益帮助。自身的努力程度和在线课程质量是影响在线学习效果的主要因素。

6. 学习效果分析

由表 22 与 23 可知，全体留学生总体学习效果良好，知识和能力方面均有提高。参与在线学习的留学生在知识和能力上的提高明显高于未参与的学生。

表 22　被试学习效果总体统计

分　类	样本量	最小值	最大值	平均值	标准差
知识	102	2	5	3.647	0.733
能力	102	1.3	5	3.351	0.789

表 23　学习效果上的方差分析结果

	是否参与在线学习（平均值±标准差）		F	p
	是（N＝47）	否（N＝55）		
知识	3.81±0.72	3.51±0.72	4.368	0.039*
能力	3.60±0.71	3.14±0.79	9.327	0.003**

$* p < 0.05 \quad ** p < 0.01$

7. 满意度分析

整体上，由表 24 与表 25 可知，留学生对一个学期的课程较为满意。参与、未参与在线学习的留学生在课程满意度上未表现出显著的差异性。

表 24　被试满意度统计

名　称	样本量	最小值	最大值	平均值	标准差
50. 课程总体满意度	102	1	5	3.588	0.894
51. 教师满意度评价	102	2	5	3.808	0.797
52. 课程满意度评价	102	2	5	3.488	0.799

表 25　满意度上的方差分析结果

	是否选择在线学习（平均值±标准差）		F	p
	是（N＝47）	否（N＝55）		
50.课程总体满意度	3.62±0.90	3.56±0.90	0.09	0.765
51.教师满意度评价	3.86±0.72	3.77±0.86	0.307	0.581
52.课程满意度评价	3.65±0.80	3.35±0.78	3.644	0.059

$* \ p<0.05 \quad ** \ p<0.01$

从表 26 可知，47 位参与在线学习的留学生对在线学习平台的满意度高。平台教学资源的丰富性、网络课程教师的讲解、在线课程的实用性得到了较高认可，而易操作性有待进一步提高。

表 26　在线学习满意度统计

在线学习满意度	53.1 学习平台总体情况	47	1	5	3.723	0.826
	53.2 在线课程的易操作性	47	2	5	3.723	0.902
	53.3 在线课程的实用性	47	2	5	3.83	0.842
	53.4 教学资源的丰富性	47	3	5	3.979	0.737
	53.5 网络课程教师的讲解	47	2	5	3.936	0.763
平　均　分					3.838	

（二）　访谈结果分析

在与不同学历、年级、院系、校区、性别的 24 位留学生访谈时发现，留学生选择在线学习确实与跨校区上课和上课时间有关。在线学习使个人时间安排更具灵活性，还有面临毕业实习的 2 号，专业课学业重的 10、14 和 15 号等也都选择了在线学习。9 位未参与在线学习的受访留学生表示，此前没有在线学习或混合式学习经历，大多数感到不习惯在线学习，与调查中的情况基本一致。

1. 中国概况课混合式学习的优势

不论是否参与在线学习，访谈中，留学生大多都能认识到面向全校留学生开设中国概况课程时采用混合式学习的优势。4 号学生的回答代表了受访者的主要观点："时间上比较自由。对于住在仙林的同学以及有时没有时间的学生比较方便。"此外，接受访谈的留学生们也提及了以下优势：

"网上讲课的老师发音非常标准，说得很慢，我不由得专注听课。"（1 号）

"很有意思，不浪费时间，能够在任何地点上课。现在 WIFI 也很方便，可以随时

随地联网。"（10 号）

"在线学习可以复习上课没有来得及记的笔记，选择自己需要的材料来学习，达到个性化的目的。"（13 号）

"上课只能听一次，有了网上课程可以不断反复听，而且线上有不同教师教授，相比课堂只有一位教师更新鲜。"（14 号）

2. 对于教师意图的理解

就如何理解教师采用混合式学习的意图，大部分访谈者认为混合式学习的优势不只是"考虑到一些学生不方便，比单纯只有课堂学习要好"。（11 号）另几位留学生提供了更多的想法：

"我觉得教师这么设计，是因为学生都是年轻人，用手机、网络很多。"（10 号）

"让学生有更多元的选择空间。"（14 号）

"对于不了解中国概况课的学生有帮助。"（23 号）

"1. 随着网络信息发达，学生对网络的依赖性越来越大，教育方式也逐渐多样化，网络课程就是其中较热门的教育方式。在这种背景下，网络形成潮流，老师选择提供网络课程有可能也是因时代发展的需要（或者因潮流的趋势）。2. 出于教授本身，可能老师在线下课堂的讲课内容无法说完，而线上课程就成为一种完成教课内容的手段。3. 出于考虑学生的需要，……老师认为网上教学有极大的吸引力，能够吸引学生去网上教学。"（8 号）

可见，中国概况混合式学习发挥在线学习优势，为学习者营造了个性、多元的学习空间，体现"以学生为中心"，这不仅是"互联网＋"环境下的发展趋势，也在一定程度上迎合了当下年轻学习者新的学习方式，更是课程改革的现实要求。

3. 关于课堂作用的看法

不论是否选择在线学习，绝大部分留学生仍认为在线学习是无法取代课堂教学的。关于混合式学习中课堂学习的不可替代性，主要观点可归纳为：

（1）课堂学习有"约束感"，注意力更集中；

（2）能够面对面与教师、同学交流讨论，有问题可以马上问；

（3）课上教师会补充教材、讲义外的内容，网上课程完全是按照教材来的；

（4）除了学习知识，还会受到教师教学态度、为人处世等方面的影响。

可以看出，课堂在教育功能中起着不可替代的作用，纯粹的在线学习无法满足学习者的所有需求。所以，融合课堂教学与在线学习的混合式学习，并不是为了颠覆课堂，而是要通过教育技术扩展课堂，这一优势是完全的课堂学习或线上学习所不能及的。

四、结论

本文以混合式教学分析框架和自主学习研究框架为基础设计问卷，以南京大学

2018秋季学期中国概况课程留学生学历生为研究对象。通过对102位被试的调查，结合访谈，从学习动机、条件准备、学习过程、满意度和学习效果等多方面展现并分析了在混合式学习中留学生学习中国概况课程的具体情况，同时研究了留学生选择与未选择在线学习的原因、影响因素等问题。研究的主要发现如下：

（1）学习该课程的留学生学习背景差异大、来华留学的主要原因与主要目的不尽相同。课程学习的主要目的是为了获得学分，内部动机有待加强。留学生对课程总体持正面、积极的学习态度。对于中国概况课程，许多学生认为混合式学习是一种更适合的学习形式。大部分学生没有中国概况课程和混合式学习（在线学习）经历。

（2）留学生选择在线学习的最主要原因是可以灵活安排学习时间，而未选择参与的最主要原因是不习惯在线学习。调查中，选择在线学习的留学生群体具有以下特征：需跨校区、晚上上课；课程学习动机、学习信念和自我效能感更高；更认可混合式学习对学业的促进作用；认为自己对中国比较了解；大多有过在线学习或混合式学习经历。

（3）学习过程中，全体留学生课堂学习投入情况良好。相比没有选择在线学习的留学生，选择在线学习的留学生课堂投入程度更高。在线学习过程中，留学生主要根据自己的时间安排来选择学习内容。多数留学生利用空余时间完成学习任务。三至四成留学生在线学习没有困难，其他学生遇到的主要困难依次是平台操作不便、语言障碍、学习时间不够、没有坚持的动力。参与在线学习的留学生最希望得到的学习支持是在线答疑和技术指导。本学期，参与在线学习的本科生人均完成了2章左右内容的学习，研究生完成了3—4章左右内容的学习。选择在线学习的留学生均认为在线学习对课程学习提供了帮助。他们认为影响在线学习效果关键的因素是自身的努力程度和在线课程质量。

（4）学习效果方面，全体留学生学习效果良好，在知识和能力上均有了提高。选择在线学习的留学生比没有选择在线学习的留学生在知识与能力上的学习成就感更高。

（5）课程满意度方面，全体留学生对教师和课程都较满意。参与或未参与在线学习的两个群体在课程满意度上未表现出显著性差异。参与在线学习的留学生对中国概况在线学习平台的满意度高。

（6）访谈发现，留学生能够认识到混合式学习中在线学习与课堂学习各自的作用，理解并认可课程采用混合式学习的优势和意义。

综合所有的调查与访谈结果，笔者认为南京大学中国概况课程混合式学习的应用实践是较成功的，体现在：① 为学生提供了一个开放、多元、人性化的学习环境，学生可以根据自身实际自主选择是否在线学习，体现了"以学生为中心"的教学理念。② 能够适应学生不同的学习习惯和学习方式，满足不同的学习目的和学习需求，体现了个性化学习。③ 实现了课堂学习和在线学习的优势互补。既保留了课堂学习在知识传授和师生交流等方面的优势，同时通过在线学习打破了传统课堂时间、地点上的固定性，使得学习可以延伸至课堂正式学习以外的时间。④ 丰富了学习资源，提高了教学效率和学习效率，一定程度上解决了中国概况课程面临的课时少、内容多、难度大、师资受限等问题。⑤ 符合互联网背景下成长起来年轻一代的学习特点和学习方式，合理发挥了互联网与技术之力，顺应了教育发展新潮流，对课程改革进行了有益探索。

参考文献

1 董杜斌："青年在线学习者的学习现状研究——以浙江省大学生'MOOC'学习者为例"，《中国青年研究》，2015年第12期，第99—104页。

2 杜世纯：《MOOC背景下混合式学习的实现路径与效果评价研究》，博士学位论文，中国农业大学，2017年。

3 冯晓英、王瑞雪和吴怡君："国内外混合式教学研究现状述评——基于混合式教学的分析框架"，《远程教育杂志》，总36期，2018年第3期，第13—24页。

4 龚少英、王祯、袁新和范宜平："混合学习环境中动机信念和动机调节与学习投入关系研究"，《开放教育研究》，总23期，2017年第1期，第84—92页。

5 何克抗："从Blending Learning看教育技术理论的新发展"，《电化教育研究》，2004年第3期，第5—10页；2004年第4期，第22—26页。

6 李宝、张文兰、张思琦和赵姝："混合式学习中学习满意度影响因素的模型研究"，《远程教育杂志》，总34期，2016年第1期，第69—75页。

7 乜勇：《网络课程有效教学研究》，西安：陕西师范大学出版社，2011年。

8 唐孙茹：《MOOC学习者学习现状研究》，硕士学位论文，广西师范学院，2014年。

9 王晶心、原帅和赵国栋："混合式教学对大学生学习成效的影响——基于国内一流大学MOOC应用效果的实证研究"，《现代远距离教育》，2018年第5期，第39—47页。

10 王赛男：《新形势下来华留学生〈中国概况〉课程文化教学调研》，硕士学位论文，浙江大学，2018年。

11 王添淼："留学生汉语学习投入现状与影响机制的实证分析"，《汉语学习》，2017年第1期，第91—100页。

12 中华人民共和国教育部、外交部、公安部令第42号：《学校招收和培养国际学生管理办法》，北京：教育部、外交部、公安部令，2017年。

13 祝智庭、孟琦："远程教育中的混合学习"，《中国远程教育》，2003年第19期，第30—34页。

14 Gardner，R. C.，and Lambert，W. E.. *Attitudes and motivation in second language learning*. Rowley，MA：Newbury House Publishers，1972.

15 Pintrich，P. R.，David A. F. Smith，T. Garcia，and W. J. Mckeachie. "Reliability and Predictive Validity of the Motivated Strategies for Learning Questionnaire（MSLQ），" *Educational and Psychological Measurement*，53. 3（1993）：801–813.

16 Singh H. and Reed C. "A White Paper：Achieving Success with Blended Learning，" *Central Software Retrieved*（2001）：1–11.

17 Zimmerman，B. J. *Handbook of Self-regulation of learning and Performance*. New Jersey：Lawrence Erlbaum Associates Publishes，1994.

基于说服理论的国际学生
中国概况课程教学策略

冯　潇　温广瑞*

摘要：中国概况是接受高等学历教育的国际学生必修课程，也是学生全面了解中国、中国文化对外传播的重要途径和方式。从传播效果出发，以说服理论模型为参考，中国概况课程可以使用一些相关策略提高教学效果，使学生更乐于接受和学习。这些策略包括采用新鲜的、形式多样的、具有时代特色的教学材料引起学生关注，寻找中国文化核心价值观与世界各国文化价值相通之处，增加有特点的体验活动，引入网络技术手段提高学习内容重复出现的频率，以便捷的方式提供能使学生获益的、有价值的文化信息以及具体的行动路径等。通过以上方式可使中国概况课程更具趣味性和吸引力，提升教学和文化传播效果。

关键词：国际学生　中国概况　说服理论　教学策略

Abstract：The China Panorama is a compulsory course for international students who accept higher education. It is also an important way for students to understand China and a way of the international communication of Chinese culture. Starting from the effect of communication and taking the theoreticl model of persuasion as a reference, this paper suggests that some strategies will be helpful in motivating students to learn and therefore impraving the quality of teaching. The following strategies may be effective：adopt updated and diversiform teaching materials to attract students' attention, find the common culture values of China and other countries, organize characteristic experiencing activities, introduce network technology to increase the frequency of repeated learning content, and provide students convenient way to benefit themselves, such as valuable cultural information and specific path of action. Through the above methods, the course of China panorama can be more attractive, and have better performance of teaching and cultural communication.

Key Words：international students, China panorama, persuasion model, teaching strategies

---

* 冯潇，西安交通大学副教授，博士，主要研究方向为国际学生汉语国际教育。
温广瑞，西安交通大学教授，博士生导师，国际教育学院常务副院长。

一、 中国概况课程教学情况

　　中国概况是来华留学的学历生必修的一门公共课，主要介绍中国的基本国情、历史文化、发展现状及相关政策等。2018 年 9 月教育部印发的《来华留学生高等教育质量规范（试行）》明确提出，"来华留学生应当熟悉中国历史、地理、社会、经济等中国国情和文化基本知识，了解中国政治制度和外交政策，理解中国社会主流价值观和公共道德观念"，国际学生的专业培养方案应包含中国概况类课程的必修要求。可见，中国概况的教学目的是引导学生全面、正确地了解中国国情、社会文化、中国人的思想观念等，消除对中国的误解，帮助学生尽快适应在中国的学习与生活。这门课的开设对于提高国际学生对中国及其社会文化的认同度，培养学生跨文化能力具有重要意义。

　　在面向英文授课专业的学生时，各高校基本以英语为中国概况的教学语言。面向中文授课专业的学生时则有所区别，有的高校对汉语言专业的学生开设全中文教学的中国概况，对非汉语言专业的国际学生均使用英语作为教学语言讲授，也有的高校采用双语教学。在教学内容的选取和教学方式上，各高校根据不同教学对象的实际情况，侧重点有所不同。有的院校侧重中国文化、艺术、文学、民俗等人文传统，强调文化体验；有的侧重于宏观的国情介绍，涵盖中国的国土疆域、地理气候、自然资源、行政区划、政治制度、民族与宗教、人口政策、外交政策、简明历史、改革开放等，涉及内容广，多为概括性讲解；有的则以专题讲座形式，结合学术研究和写作训练，从具体论题切入，有重点地介绍当代中国的情况，课程内容具有深度，如北京大学通过"近代中国西部边疆问题与民族"讲座介绍少数民族自治区及民族政策，也有的讲座围绕中国农村的历史变革和现代化转型、中国的城市化、中国外交与全球治理等前沿论题展开。（麦洛）

　　目前对中国概况课程的研究主要从"如何教"的角度讨论教学思路、具体方法及教材编写等，如祖晓梅等（2006）以"中国人的生活方式"为主要内容，以价值观和行为模式为基本线索，将文化教学与语言教学相结合，通过多媒体手段进行教学，为面向汉语言专业留学生的中国概况课程提供了独特视角。韩秀梅（2004）从中国概况课程教学内容的设计与选择、教材的编写思路和内容的更新、课程定位与教学方法、对教师的要求等方面分析了这类课程现存的几个问题，根据自身教学经验提出了教学思路。总的来说，从学生的接受角度展开的研究探讨较为缺乏。事实上，除了中国国情和文化知识的介绍以外，中国概况更是面向国际学生的一种关于中国社会及文化的信息传播。有的学生对这门课的重视程度不足，认为对中国社会已经有足够了解；有的学生对中国的一些政策缺乏全面认识，存在偏见。中国概况要通过恰当的内容、形式向学生传递信息，从而影响学生对中国的态度（包括认知、情感、行动等因素），实为一种说服传播。如果从受众的角度，考察哪些因素影响传播效果，并应用一些策略改进教学，则可以更好地达到教学目标，增进学生对中国的理解和认同。本文将在有代表性的说服理论模型基础上，讨论中国概况的教学策略。

二、 说服理论关于传播效果的研究

20世纪40年代二战期间，美国密歇根大学的心理学家卡特赖特在研究美国战争公债推销活动的基础上，提出了说服效果模型，从受众的角度提出以下传播原则：1.传播者的信息应该引起受众的注意，使信息能够到达受众的感官；2.信息到达受众那里后需转化为受众认知结构的一部分，这有赖于信息如何被受众评估，是否符合其原有认知结构；3.受传者认为信息符合自身利益，能够达到其原有目标，方有可能采取行动；4.若要受众接受说服并采取一定的行动，需给予受众具体、便利的行动途径。（施拉姆和波特）

耶鲁大学的卡尔·霍夫兰（2015）开展的说服研究则通过一系列实验考察传播过程中一些变量与传播效果的关系：1.传播者在受众心目中的形象和威望（如在专业领域方面是否是专家，立场是否客观，是否为受众所喜欢）会影响传播的效果；2.高可信度的信源（传播者可信赖）在短期内能产生良好的说服效果，但随着时间的推移，这种效果会衰减，即所谓"休眠效应"；3.在传播中诉诸情感和诉诸理性同时使用，可能会达到更好的传播效果；4.对于受教育程度低的受众来说，单面视角的信息传播效果较好；而对于受教育程度较高的受众，提供正反面视角的信息会引起更多的态度变化，因此需根据受众特点确定有效的信息表达方式；5.相比将结论隐藏起来由受传对象自己得出结论，明确地在信息中给出结论更能引起态度改变，但应该结合受传对象的理解能力而定；6.群体因素对传播效果也有影响，违背个人所重视的群体身份和规范的观点一般不易被接受，群体的决策有可能会影响个人的态度和行为，因此个人对所处群体的认同感和群体的规范，应在传播时予以考虑和重视；7.通过角色扮演设身处地参与说服过程的受传者，更容易产生态度变化。

总之，卡特赖特从受传者态度变化的过程提出传播应该注意的原则，而霍夫兰则从整个传播过程全面考量说服技巧、说服主体方面的影响因素，从个人受传的微观层面研究大众传播行为。综合卡特赖特和霍夫兰的说服传播研究，以下要素可能带来更好的传播效果：（1）传播者具有值得信赖的良好形象，同时传播的信息应有吸引力，能够抵达受传者；（2）尽量贴近受传者，传达传播者与受传者的相似性，并根据不同受传者确定传播方式，或对受传者所在的团体给予积极影响，使信息易于接受；（3）鼓励受传者进行体验，换位理解；（4）传播者如果具有较高可信度，由其传播的信息重复出现就可以得到巩固；（5）应使受传者认识到接受讯息后所采取的行动能够达到预期目标，并提供便捷、具体的行动途径。我们将基于以上原则，具体讨论国际学生中国概况课程的教学策略。

三、 基于说服模型开展国际学生中国概况课程教学的策略

根据上述的说服传播理论，引起受众态度变化包括了对信息的关注、理解、接纳、保持和行动等阶段。在此基础上，提高学生接受效果的中国概况课程教学策略应包括：

1. 使课堂讲授的信息有吸引力

取得传播效果的前提是受众对信息的注意，因此需要采用鲜活的、具有时代特色、形式多样的教学材料，来吸引学生关注。现代社会信息超载，受众的注意力停驻时间短，小视频成为常见的传播手段。精选趣味化的短视频作为课堂中教学内容的导入或举例方式，可引起学生的注意，也可使教学内容贴近生活，帮助学生理解。在介绍中国的社会情况时，可以从普通人的视角切入，引入一些生活化小故事，减少过于浓厚的官方色彩和说教形式。例如，介绍中国当代农村时，可引入农村小伙通过网络直播干农活，让更多人了解绿色农产品的生产，带动当地线下产业发展的故事。

传播者如有良好的专业形象，为受众所喜爱，则传播效果更好。这对中国概况课程的教师提出了较高的要求，需要教师具备充分的专业知识、良好的外语能力及很强的跨文化交际能力，并具有较高的教学水平和足够的亲和力，了解学生所在国的文化和受传心理，善于发现中国文化与学生母语文化的相通之处。如此方能成为高可信度的传播者，使学生乐于接受教师所传递的内容。

2. 教学内容应适合受传者的知识和理念

首先，寻找中国文化核心价值观与世界各国文化价值的相通之处，建立相似性，缓解文化紧张和对立心理。特别是在介绍文化艺术等方面，审美需求为世界所共通，有可以类比之处。各高校也可适当根据各自地域的社会文化特色进行类比。从相通引入相异。遇到思想观念有较大差异的情况时，以"君子和而不同"为理念，或以"一山藏六教"的庐山为例，展示中国文化的强大包容力，引导学生尊重并理解不同民族、社会和国家，帮助学生建立文化多样性意识。

其次，面向不同层次、不同教学语言的学生，可使用不同形式、不同侧重点开展教学。一般来说，行为文化、精神性格等较为深入的内容，涉及思维习惯的差异，可以放在具有相当接受能力的受众群体中进行，提供正反两方面视角的观点。例如北京大学的中国概况课程要求撰写研究报告，需要对中国国情有深刻的理解和认识，能为中国发展提供不同的观察视角和建设性意见，这就比较适用于硕士或博士层次的国际学生。对于本科或汉语言专业的国际学生，重点可以放在中国国情和文化知识的全景式介绍上，还可与语言教学结合。

3. 教学活动增加学生的亲身体验或感知项目

中国概况课程除了讲授、展示等，还可以安排体验项目和比赛活动，例如北京师范大学的中国概况课程安排了到西安的历史文化考察之旅。当然，走出课堂的体验活动可以结合当地的特点，参观中小学，参加城市公益活动，或者参观博物馆，甚至体验讲解员工作等，都可能是受欢迎的项目。此外，可以邀请高年级的国际学生，以受传者身份，从传播主体的视角参与讲座、演讲、座谈等活动，作为同侪或朋辈导师讲述其在中国的亲身经历，以正向、积极的态度，分享对中国文化、民风民俗的深层理解。

4. 对信息传播进行适度重复

时间间隔会逐渐消解传播效果，课堂教学内容在课外的延伸就显得非常重要。教学内容的常态化，可以有效提高传播效果。信息时代电子资源的建设对传播力提升有重要影响。一般中国概况课程的课时量都不大，因此通过技术手段引入网络资源、新媒体方式，利用课堂外的时间，都是提高信息复现率的方法，例如给学生开设"轻直播课"，讲解专题知识；开辟自媒体专栏，定期推送教学内容相关的延伸信息；制作网络学习资源如 MOOC 等。也可在此基础上尝试翻转课堂，让学生在课外对教学内容进行预习、复习，接收相关知识，课堂上进行深入讨论。2018 年北京唐风汉语教育科技有限公司联合上海外语教育出版社及多所高校，发行了立体化、纸数结合的《中国概况》（中文版）教材，（程爱民）同时打造了以八大板块方式呈现的配套网络课程平台，资源丰富，形式多样，还可针对不同层次的学生开展分级教学，这就是一个充分利用"互联网＋"技术实现高效传播的典型范例。（唐风汉语）

5. 提供符合受传者利益的信息，并提供达到目标的途径，以增强接受动机

中国概况课程如能满足学生的基本需求或心理需求，则会收到更好的传播效果。这就需要教学内容能够传递实用的知识，能提供使学生获益的、有价值的文化信息，能指出具体、便捷的行动路径，帮助学生顺利完成与中国人的社交互动。例如，课程内容可以根据学生情况，讨论学生关心的在中国学习生活和人际交往的实际问题，还可与学生专业结合，带动其他课程学习。如果教学形式感性、幽默、娱乐化，则更易被学生接受，可以尝试情境模拟表演结合讨论的方式进行教学，从而活跃课堂气氛，提高教学效果。

四、结论

我们在说服传播理论的基础上，提出了中国概况课程如何获得更好传播效果的具体策略，包括提高学习内容的吸引力，使传播讯息适合学生认知，增加互动和体验，提高学习内容的复现率，增强学生接受动机等，这些需要在传播者（教师）、传播渠道（教学形式）、传播内容（教学材料）等各方面有所保障。

首先，在师资方面，由于个体传播者可以成为高可信度的信源，对传播效果起到非常重要的作用，这对授课教师要求较高，在教师的遴选和培训阶段就应重视。例如北京大学的中国概况课程是由北大国际关系、经济、法学、社会学、城市规划等专业的教授联合授课。这门课程对教师个人的知识储备和综合能力要求比较高，因此由不同领域的专家组成课程教学组，不失为一种较为稳妥的师资配备方式。

其次，在教学形式方面，各院校可结合地域特色及本校国际学生的实际情况，开

展多样的教学及实践活动。在课程设置和培养方案中，与其他中国文化体验、国情认知、职业发展指导等课程相互配合，可以充分发挥中国概况课程的实用性，提高传播效果。

此外，教材及学习资源还有待进一步开发。如前文所述，上海外语教育出版社联合唐风汉语公司发布的《中国概况》（中文版）教材及配套线上资源首开先河，整合了丰富的视听资源，建设了整套在线课程；教学内容也紧跟时代，如"一带一路"倡议、新支付方式等都有所涉及，教育板块也包括了中国的大学教育、孔子学院等贴合国际学生实际的内容。这一版的《中国概况》可以说是今后教材的发展方向。当今中国的变革日新月异，创新层出不穷，需要不断更新教材内容；互联网时代也要求线上教学资源与纸质课本的深度结合。继续开发灵活的、与时代发展同步的中国概况教材，制作更多教学类趣味短视频等资源，使教师有充足的材料进行选择，也是提升中国概况课程传播力的重要保证。

总之，面向高校国际学生的中国概况课程可在说服理论的指导下，从学生接受的角度出发，以符合学生认知习惯的方式，传授多样化、新鲜、实用的课程内容，应用网络技术和新媒体，结合实践体验活动，以期获得更好的传播效果。

参考文献

1　程爱民编：《中国概况》，上海：上海外语教育出版社，2017。

2　韩秀梅："谈《中国概况》课的教学思路"，《云南师范大学学报》，2004 年第 2 期，第 30—33 页。

3　卡尔·霍夫兰、欧文·贾尼斯和哈罗德·凯莉：《传播与劝服：关于态度转变的心理学研究》，张建中、李雪晴和曾苑等译，北京：中国人民大学出版社，2015 年，第 217—225 页。

4　麦洛："留学生和港澳台研究生公共必修课'中国概况'开课"，北京大学新闻网，2018 年 9 月 25 日，http://pkunews. pku. edu. cn/xwzh/2018-09/25/content_304442. htm。

5　唐风汉语："课堂在线·中国概况"，https://china. tangce. net。

6　威尔伯·施拉姆、威廉·波特：《传播学概论》，何道宽译，北京：中国人民大学出版社，2010 年，第 208—210 页。

7　祖晓梅、陆平舟："中国文化课的改革与建设——以《中国概况》为例"，《世界汉语教学》，2006 年第 3 期，第 121—127 页。

我国来华留学管理干部疫情期间的现状调查

安　然*

摘要： 中国疫情爆发期间，有来自近 200 个国家的近十万国际学生留在中国，他们是疫情的亲历者见证者，也是可以通过各种渠道对外讲述中国抗击疫情故事的一大群体。他们的故事取材于自身在这次疫情中的身心磨难，也取材于和他们接触最多的高校留管干部或教师。留管干部或教师的言行举止充当了留学生讲好中国疫情故事的"中介变量"。他们和国际学生之间的互动关爱就是疫情期间奋战防控的真实故事。从国际学生教育管理可持续发展的角度来看，他们的工作对世界如何看中国起着很重要的作用，因此，教育部和各高校要关心关爱留管干部，让留管队伍后继有人并能可持续发展。

关键词： 新冠疫情　国际学生　来华留学管理干部　职业发展

Abstract： During the coronavirus outbreak, nearly 100 000 international students from almost 200 countries stayed in China. They are the witnesses of the pandemic who are able to share with their families and friends their first-hand knowledge and experience of China's fight against COVID‑19. They may talk about their physical hardships and spiritual struggles they went through; they may also talk about the supports they received from teachers and staffs of international student affairs office, people whom they contacted most often during the outbreak. The words and deeds of teachers and staffs are like "intermediary variables" that play an important part in telling the China's story to the world. The love and care they showed to international students are true examples of China's fight against the virus. From the perspective of sustainable development of international students' education management, their contributions play a crucial role in how the world views China. Therefore, the Ministry of Education and universities should give more attention to teachers and staffs of international student affairs office, helping them to develop and build a sustainable team.

Key Words： COVID‑19, international students, staffs of the international student affairs office, career development

---

* 安然，全国人大代表，华南理工大学国际教育学院创院院长、教授，国家社科基金重大项目首席专家，《来华留学年度报告（2019）》主编。

一、 现状背景

1. 各国留学生和中国人民一起应对疫情， 构筑"人类命运共同体"

据 2019 年教育部公布的数据，2018 年我国共有来自 196 个国家和地区的 492 185 名留学生，分布在我国 31 个省、直辖市及自治区的 1 004 所大学学习，其中学历生为 258 122 人，占全部来华留学生人数的 52.44%。根据《来华留学年度报告（2019）》数据统计，41 所"世界一流大学建设高校"中来华留学学历生人数达 66 670 人，占全部来华留学学历生人数的 25.83%。来自"一带一路"沿线 64 个国家的来华留学研究生人数为 52 525 人，占全部来华留学研究生人数的 61.75%。这就意味着，有相当一部分的国际学生和中国人民一起经历了 2020 年的这场疫情考验。据了解，今年教育部直属高校留校学生有 51% 是国际学生，有的学校国际学生留校占比达到 70%—80%。因此做好国际学生的防护对于目前校园抗疫工作具有特别重要的意义。

此次疫情中很多国际学生自愿选择留在中国，和中国人民一起共克时艰。他们参与捐献，以自己力所能及的方式支持中国人民打赢抗击新冠肺炎的战役。一位哈萨克斯坦的学生说，"中国已成为我的家！看到我家发生的这种情况，我心里很难受。希望一切都会好起来。"在这次疫情防控中，也涌现出很多在读或毕业国际学生，为武汉奔走募集物资的情况，很多主流媒体对此都有专门报道。疫情当前，他们用自己的亲身经历在一笔一划地构筑"人类命运共同体"。而搭建这个构筑基础的是一群高校留管干部。

大部分高校留学生管理工作事务主要集中在留学生管理办公室，他们担负着国际学生从进校到毕业期间的生活安排、身心健康、思想引导、突发事件处理、中外学生融合、中国社会融入等方方面面。在这次疫情期间，留管干部工作的到位对安抚国际学生起到了非常大的作用。国际学生在此期间的留守和对外的讲述与留管干部的工作关联很大。

2. 留管干部和国际学生的生活情感交织在一起

相比十几亿的中国人民，近 50 万国际学生数量不多，但这个群体是中国看世界，也是世界看中国的窗口。他们对外的一言一行，都可以折射中国及中国高校，影响国际社会对中国的看法。国际学生来自世界各地，语言不通、文化不同，他们身处异国他乡，远离家人和至亲朋友，面对疫情，他们的恐慌和心理压力可能更大。所以，疫情时期不能忽略对国际学生这个群体的关注。

大多数国际学生来中国留学，对中国都抱有感恩之心，但也有极少数学生对疫情防控理解不到位，有负面情绪，也会在网上散布一些与事实不相符的言论。而这些言论，会很快在国际舆论层面延展发酵，对中国造成不必要的负面影响。

适逢假期，中国学生基本上都已离校，而国际学生大多留在校内。留管干部明白，如果因为某个细节稍微处理不妥，就会引起国际学生的不理解，对外散发负面情绪和不恰当的言论，会引起国际舆情。整个战疫情的过程中，留管干部奉献着，牺牲着，不希望在全国人民团结奋战疫情的关口，他们管辖的国际学生不理解、不配合，对外发出不和谐声音。

国际学生在疫情过程中是如何克服困难，与中国人民一道共克时艰，他们在战疫情期间的生活和心理状态，是外界很关注的，也是国际学生会自发向外传递的信息。这些信息可以构成在华外国人讲述的中国战疫情故事。

在国际学生的这些故事中，离不开的一个重要角色就是长期陪伴、照顾他们的留管老师。这里没有宏大叙事结构，只有在真实细节和琐碎中渗透出来的中国人民对他们一视同仁的关心和关爱。"人类命运共同体"需要中国和其他国家的人民长期相处、相容、共同构建，国际学生和留管老师群体可以很好地诠释这个角色。

二、 调研动因及过程

2020 年 2 月 5 日，一位留管干部在电话中向笔者述说了疫情以来留管干部多重工作职责的艰辛和所承受的心理压力。这个电话让笔者想要为留管干部发声，于是有了撰写这个报告的动议。为了写这个调研报告，2020 年 2 月 7—9 日，笔者先与不同省份 3 所大学的留管干部进行电话沟通，了解了大概情况后，2 月 10 日列出了 8 个问题，然后联系了 20 多所高校负责留学生教育管理的人员，请他们来回答，希望全面真实了解一线留管干部的工作状态，以及他们担负的职责。笔者于当天就收到 8 所学校的回复。这次调查最终一共收到 22 所高校的回复，同济大学、上海外国语大学、安徽医科大学回复后又发来增补材料。对这些回复，笔者逐字阅读，不清楚之处马上通过微信或电话沟通，进一步确认，确保字义的理解准确。

调研问题如下：

1. 一线留管人员在疫情期间的日常工作状态是怎样的？

2. 一线留管人员的"身"与"心"疲惫体现在哪几个方面？建议怎样解决？

3. 一线留管人员现在面临最大的工作问题是什么？建议怎样解决？

4. 一线留管人员对安抚留学生的重要性体现在哪几个方面？

5. 怎样安抚好一线留管干部？其意义何在？

6. 有没有典型案例？

7. 对一线留观人员关注爱护的建议？

8. 现在留校的留学生数，占比数，来源国家数

根据这些问题的回复以及笔者随后的深度追踪内容，将这些材料进行关键词句标注，然后归类。这篇调研是以群内者为这个群体发声的一种质性调研方式展开。留管干部的回复很朴实、也很真实，从中笔者能感受到他们对国际学生细致入微的关怀。

三、 归类陈述与分析

1. 留管干部是最能影响国际学生的人

来华留学生教育服从国家大局需要，培养知华、友华的国际友人，一线留管人员

管理服务水平的高低，直接影响了国际学生对华、对所在高校的认识和感受。一线留管人员身份的特殊性，在安抚国际学生方面发挥着重要的作用。他们工作性质及所起的作用引发出我们的思考：该对他们给予怎样的关注和爱护？

综合留管干部们的回答，他们的作用描述如下：

一是物资保障。疫情当前，学校采取了封校的应急措施。既然有封，就一定要做好通。一线留管人员是最了解学生的人，基于前期的沟通和管理，一线留管人员可以更快地了解学生所需，保障物资到位。在客观条件允许的情况下，尽量满足学生的基本生活需求，解决其生活中遇到的问题；

二是信息通畅。国际学生因语言、文化方面的差异，遇到如此严重的疫情，会产生恐慌。而最有效的方式就是提供足够丰富的信息，既包括目前疫情发展的情况，国家、省市、学校包括民众所做的努力，也包括如何做好个人防护等。并且提供至少中文和英文两个语种的信息；

三是精神支持。正如上文所述，身处异乡的国际学生，容易产生恐慌和焦虑。由于一线留管人员平时和学生接触最多，是上级部门和学生的枢纽，对于一线留管人员的劝解和安抚，学生更容易接受。遇到问题，学生更倾向于与一线留管人员进行沟通。一线留管人员不断对学生进行鼓励，可以极大地增强学生应对困难的信心和勇气。

四是加强舆情管控，及时制止错误负面信息传播。疫情期间，一线留管人员随时关注国际学生的微信群、朋友圈等，对在微信群中散播错误信息、煽动负面情绪的学生，及时组织辟谣、止谣，进行正面回应和发声，鼓励学生代表出面驳斥错误言论、引导正面舆论，并安排与发布信息的学生谈话，对学生进行教育。

以下是安徽医科大学的一个案例：

疫情爆发后，安徽医科大学有两百多名国际学生留在校园，学校领导和留管干部对他们十分关心，同时也要求他们没有特殊情况一律不得离开校园。有一位女同学平时性格内向，于2月11日晚出现了急性短暂精神障碍，变得躁动不安，出现强烈的攻击性和自杀倾向。当时负责具体事务的是一位年轻的女留管干部，她紧急上报情况，联系学生家长，同时采取果断措施，和男学生一起将其看护起来，并连夜寻求心理咨询师予以心理疏导，但效果不明显。次日上午，该学生在两位留管人员和学校派出所民警的陪护下前往精神病院就诊，被收治入院。由于语言不通，又是特殊时期，医院要求学校有人24小时陪护，这位年轻的女留管干部不顾个人安危，住进有铁栏杆封闭的多个精神病人共住的病房进行陪护，直到学校找好看护。

急性短暂精神障碍一般两周后可以恢复，康复的学生一定会对她的家人和朋友讲述这段经历。留管老师冒着被攻击的危险，留在她身边，照顾她、安慰她。这是中国疫情期间国际学生和留管老师之间发生的真实故事。这样打动人心的故事会在国际学生中广为流传，从中国传到世界各国。而类似这样留管老师帮助留学生的故事非常普遍。

本调研通过对 20 多所高校的一线留管干部在疫情期间的情况进行问卷调查及追踪访谈，全面、真实地了解一线留管人员的工作状态，以及他们担负的职责。事实证明，留管人员就是留学生在中国最亲近的人、最亲密的接触者、最可靠的信息来源、最能交心的朋友，危难时最可以依靠的"老师"。他们是最能影响国际学生的人。

在疫情期间，一线留管人员几乎每天都要奔走在前线，冒着被感染的风险，频繁出入国际学生宿舍大楼和行政办公区域。他们要实时掌握每一名国际学生的身体情况、心理动态和个人动向，通过防疫消杀、发放基本医疗物资等防疫措施把好第一道"关口"，时刻关注学生生活需求，保障学生的"米袋子""菜篮子"和水电。他们每日在办公室轮流值班，保持手机 24 小时开机，以便及时掌握疫情动态，发现问题及时处理。对生活上有问题的学生及时予以帮助，对因疫情产生恐慌等情绪的学生及时进行心理疏导，避免让国际学生产生不必要的恐慌。华南理工大学的一位留管干部说："国际学生在哪里，我们的阵地就在哪里。"

国际学生因其在华的亲身经历，成为对外讲好中国疫情故事的主体之一，他们的故事或多或少会涉及到与其朝夕相处的留管老师，留管老师的言行举止会影响国际学生对中国人民战疫情的认知，是他们故事中的"中介变量"。

2. 留管干部工作繁重、职责多重

从调研问题的回复中，有这样的表述：

疫情爆发以来，一线留管人员压力很大，既要把上级的工作要求迅速落实到位，又要面对学生"一对一"地了解情况，发布通知和防控提醒，解答学生的问题，协调解决学生遇到的困难。既要做好自身防控和隔离，工作又不能停；新情况、新要求不断，身心都紧张。

首先，"5+2""白加黑"，留管人员到校 24 小时值班，留管人员春节期间无暇顾及家庭，身心疲惫。其次，疫情期间，部分员工回家后因"封城"无法返校，导致在校的留管力量薄弱，工作量非常大。与留学生相关的任何事，都要参与协调甚至亲自处理。再次，部分学院的党政领导对留学生的管理不是很重视，导致二级学院基层力量在落实本学院留学生的排摸工作及管理上应付了事。

对于留在本地过年的一线值班留管干部，每天到校坐班工作，为学生提供现场服务；对于在外地过年的一线留管干部，按照学校和学院的要求，本着"能归早归"的原则，尽量早日返校投入到工作中。所有一线留管人员均 24 小时手机开机，微信、QQ 在线，时刻关注学校 OA 平台、学院工作群、学生班级群的各类通知和信息，关注学生身体健康状况和动态。可以说，从疫情警报拉响之日起，所有一线留管人员就进入到"战斗状态"，始终奋战在留学生管理的第一线。

疫情防控期间的留管工作可谓是"上面千条线、下面一根针"，既要落实各省外

办、省教育厅、市出入境管理局、学校抗疫情工作领导小组等上级部门和单位布置的工作,又要与学校后勤处、保卫处等联合开展留学生后勤保障和安全保障工作,同时还要事无巨细做好留学生日常管理。由于处于特殊时期,不少工作是紧急布置的,要求短时高效完成,且工作质量丝毫不能打折扣。

为了做好疫情期间的留管工作,一线留管人员都开启了高度紧张的战斗模式:一边回复学生微信、短信,一边接省外办、省教育厅的电话,同时还要随时应对各国驻华使馆的来电,对使馆关切的问题进行解答,对使馆反映生活有困难的学生及时走访和慰问。他们手机不离手,因为正处紧张时期,任何一条短信、微信和一个电话都可能是重要指示和急需解决的问题。一线留管人员大多身兼数职,扮演着社区网格管理员、卫生管理员、宣传引导员、生活服务员、心理咨询师、情绪疏导员等多重角色。正如一位一线留管老师所说:"每天都像是打仗,睁开眼睛就开始工作,一直忙到学生们都睡着。"中国地质大学的留管干部告知,有时遇到一些国家深夜组织撤侨,还会工作到深夜,直至确信每一名学生都安全登上撤离的飞机,才能放心入睡。

疫情突发状况的发生,对学生心理影响较大。一些学生不能及时调试心理,对学校采取的出于保护学生目的的措施产生误解。由于压力大、任务重、人手不足,工作无法面面俱到,也会引起部分学生不满。国际学生的心理恐慌和对学校保护措施的误解,就会导致到外网或接受不明第三方媒体访问,发表不当言论。因此,留管干部还要对学生进行正面引导,增强学生信心,对学生进行心理安抚,避免出现不必要的恐慌,对出现的错误舆论及时客观进行辟谣,维护党和国家的良好形象。

国际学生是外界了解中国当下疫情防控的一个窗口,在国际社交媒体不断挤占主流媒体信息传播功能的情况下,国际学生现身说法,具有可信度与影响力。而他们的判断很大程度上受到学校疫情防控的具体落实情况,以及与一线留管干部具体沟通情况的影响。鉴于此,有些学校如复旦大学、上海外国语大学等针对国际学生的公众号(由留管人员运营)一天不落,从通知到各类实用信息再到宣传正能量,内容翔实、有新意,做到信息公开透明,让国际学生随时了解疫情动态。同时加强舆情管控,及时制止错误的负面信息传播。

由此可见,一线留管干部是学校与国际学生之间的桥梁,他们上传下达,排忧解难。他们必须是一名"全能"选手,不但要有跨文化能力、语言能力、自信心、耐心、好的理解能力等素养外,还要能传播中国文化知识、能处理突发事件、能进行心理疏导等等,同时每天还要按各归口单位的要求填写大量的表格、汇总信息。他们工作繁杂,身兼数职,而且还要在管理上既有严格的尺度,又有关心学生的温度。有留管干部形容自己"时间上:基本全天候,随时待命,时时在线;空间上:学校(工作沟通会+实地走访)+居家办公;形式上:电话+微信+邮件+视频等;内容上:摸排学生情况+填报各类报表+相关校园和住宿区出入管控措施的传达与落实+学生生活排忧解难+学生心理疏导+各种解疑答惑"。

3. 留管干部身心状况

从调研问题的回复中，我们看到这样的表述：

"身"累，主要是目前工作量大，各种事务性工作缠身，个人时间基本被工作占据，普遍存在过劳过度加班的现象。"心"累，主要是：① 工作下沉，对一线留管人员的责任层层加码，工作时效要求高，工作难度大，常态化加班挤占业余时间，导致留管人员高度紧张，由此而产生巨大的心理焦虑。② 风险大、责任重，让一线留管人员觉得自己可能被当成抗击病毒的"炮灰"，导致不满情绪蔓延；③ 人手缺乏导致力量薄弱，一人承担多人的职责，工作要求高，常常导致一线留管人员感叹工作"何时是个头"。

"身"是整个寒假长时间不间断工作带来的疲惫。数据收集整理、撰写汇报上报、联络安排学生，每件事情都十分紧急。但与之相比，"心"的疲惫更明显，很多学生回了自己国家并不使用微信、中国的手机，想联系一次都非常困难。在国内的国际学生也经常昼夜颠倒，错过搜集个人情况问卷的时间。各个部门之间数据不共享，各自下达信息搜集要求，导致老师一遍遍收集，学生一遍遍回答，学生很反感，老师很被动。

疫情导致个人心理状态也不稳定。超长的工作时间，持续缺乏睡眠，加上工作的巨大压力，导致身心疲惫。在封城隔离、生活不便、有感染风险的情况下，要同时进行公家、自家、自身三方面的抗疫持久战，身心压力也是与日俱增。

留管干部也是普通的人，他们也会精神紧张、身心疲惫：担心学生到处乱跑；担心出现国际学生工作方面的舆情；担心学生信息没有及时反馈；担心在校学生心理焦虑；担心招生工作后续面临困难。面对各条线的统计口径不一致，他们总是要重复劳动。现在国家基本实行"谁邀请、谁负责"的国际学生管理模式，一线留管人员第一时间深夜前往突发事件现场处理问题的现象时有发生；国际学生规模不断扩大，而国际学生的社会化管理、趋同化管理短时期内难以跟上国际学生教育的发展速度，国际学生的全部事宜诸如住宿、医疗、签证、安全监管等，都主要依靠留管人员完成，导致一线留管人员花费大量的时间处理国际学生日常生活中遇到的问题，扮演着"保姆"的角色，耗费了很多时间和精力；一线留管人员承担了高校内类似招生处、保卫处、学工部、教务处等各部门的招生、录取、入学、文化活动、毕业、校友管理等各类工作，全天候运转；而国际学生入学质量良莠不齐，有的学生素质低下，耗费了大量精力管理和应对。中外学生的管理服务没有完全趋同，留管人员势单力薄。

这次疫情期间，一线留管干部在工作中对接部门多，工作责任大，工作压力较以往有明显上升。他们与学生频繁接触，也会增加潜在的感染风险。留管人员身心疲惫、需要安抚和心理疏导成了一个显而易见的事实。有留管干部提出，疫情过去后，希望可以对所有参与疫情中应急处理工作的人员进行心理辅导，落实一段时间的轮休。还有留管干部指出，多给一线工作人员一点信任。大多数人没有经历过如此大的公共突发事件，这时候靠的是责任心、使命感和执行力，相信一线留管干部，给他们多一点信任，比什么都重要。

4. 留管干部职业发展受限、队伍流动性大

调研回复中，有这样一些表述：

> 一些学校日常在校国际学生达到 3 000 人左右。一方面，留管人员只有十几人，同时要处理招生、日常管理与服务、突发事件处理、活动组织、校友联络等各项工作，纵横交织，工作密度和强度都很大。另一方面，学校留管部门建制级别较低，人员职称、职级晋升渠道较窄，对协调开展工作、确保队伍稳定性和激发员工积极性产生一定影响。同时一线留管人员大多是中青年，还有不少非在编，在大城市生活成本较高、压力较大，影响队伍稳定性（招不来合适的，或者招来了也心不安、干不久）。

> 以我校为例，××已经在留管干部岗位上工作了 10 年，兢兢业业、对党忠诚、无私奉献，这次疫情中一如既往的冲在第一线。10 年前他已是计算机方向的副教授，但是至今仍然是一个职员。

> ××研究生毕业，对外汉语专业。已经做留学生辅导员多年，对党忠诚、工作扎实、深受师生爱戴，是绝对合格的留管干部，但至今仍然是临时工。

> 培训和继续再教育机会有限，政策不灵活。建议教育主管部门增加国际学生专职辅导员的在职培训和进修机会，畅通人才培养渠道。

国际学生作为中国高校中的少数群体，相对不受学校各个部门、院系的重视，而留管干部由于管理国际学生的特殊性，相对独立也相对隔离，职业发展通道受限。年轻的留管干部，容易陷入迷茫。他们在工作中最大的问题是身份问题，很大一部分一线留管人员并非事业编制，其社保和医保保障水平低，抗风险能力不高。如果在防疫过程中身染疾病造成伤害甚至不幸留下后遗症，那将对一线留管人员的家庭造成致命打击，对学校的名誉和管理也将带来一定的风险。这也是导致留管队伍流动大的一个原因。另外，留管队伍缺少国际学生心理咨询的专业团队，导致在重大紧急事件爆发时，不能够及时采取心理干预应急解决方案。

另外，很多学校承认国际学生英语授课有难度，课时费乘系数存在，而国际学生的管理没有切实考虑过重的工作量，还会因为国际学生参与各项比赛较少，导致国际学生辅导员的业绩低于中国学生辅导员，这些都是留管干部职业发展受限、队伍不稳定的原因。

四、 主要建议

1. 针对国际学生调整管理模式

国际学生是中国高校大学生群体的重要组成部分，应落实趋同化管理。除了由国际司归口管理来华留学工作外，相关政策的制订也应该覆盖国际学生群体，如质量保障、评估督导、后勤资源配置、就业创业等等方面，尤其是针对留学生管理干部队伍的建设，思政司应该将国际学生辅导员队伍纳入高校辅导员整体队伍的建设中。教育部有了明晰的分类，高校就会有相应部门对接，而不是将管理工作全部交由国际教育学院或国际处负责。但趋同不等于一刀切，在具体管理上也应该根据实际情况分类处理。

2. 重视并关注来华留学管理干部

来华留学管理干部是一个特殊的群体，他们善于和来自不同国家的学生打交道，懂得跨文化交流，能引导国际学生讲好中国故事。对这个群体，要将其视为专门人才，应出台高校留管人员的管理规定，为这支队伍建设提供政策支持；要安抚好一线留管干部，建立留管干部的心理干预机制，实现来华留学教育管理的可持续性发展；要让每位一线留管干部能看到其事业发展前景，并引导他们规划个人职业发展路径，调动其工作积极性；要让每一位一线留管干部感受到单位和领导的温暖，享有与其工作相匹配的待遇。另外，学校要从顶层设计包括国际学生在内的国际化方案。国际化校园建设不是一句口号，而要落实到每一处。这样才能真正减轻一线留管人员的工作压力。

3. 通过规定和举措稳定留管队伍

高校普遍存在留管干部严重不足且流失的现象。要从高校的顶层设计开始，逐级转变观念。在国际学生专职辅导员队伍尚未完全建立的情况下，一线留管干部其实扮演了国际学生中政治辅导员的角色，对于稳定国际学生心理、培养国际学生知华友华情感、增强国际学生的凝聚力和向心力等方面具有至关重要的作用。因此，稳定一线留管干部队伍是稳定留学生管理工作大局的前提条件和重要抓手。建议统筹研究确定部门建制及人员编制，避免"小马拉大车"，扩充工作队伍。要对留管干部的工作表现进行客观公正的评价，从精神和物质上给予肯定，对表现优秀的留管干部进行表彰，对因疫情防控产生的加班加点情况进行适度补贴。要解决来华留学管理人员的上升渠道窄、职数少、在学校被边缘化的问题。在各类评奖评优、出国进修机会、职业晋升等方面，对表现优秀的留管干部予以优先考虑。

4. 加强留管干部的培训

要强化留管干部的工作培训，提升专业素养。留管工作政策性强、头绪繁多，国际学生类别较多、群体背景多元，各种情况层出不穷，必须对留管人员开展多渠道、多层面、实战化、研究型培训，切实提高其从业能力与专业素养。特别要加强新技术、新系统、新办公软件方面、工作方式方法方面的培训，提高工作成效。尤其要加强国际学生工作信息化、数字化管理的动态专业培训，让留管干部通过专业系统和软件，寻求更加节省人力的管理途径和方案。

5. 留管干部要注意自我能力的全方位提升

留管干部要进一步从思想境界到行动能力提升自己，做国际学生无话不说的好朋友，充分发挥其自身不可替代的作用。留管老师能近距离接触国际学生，应该充分认识到自己的中介桥梁作用，更深入、更细致地关爱国际学生。留管老师需要用心用情，懂得不同文化间的差异，懂得包容体谅，懂得恰当地宣传中国国情与中国文化，懂得在潜移默化中培养知华友华人士，引导国际学生讲好中国故事。尤其是在这次疫情中，怎样讲好中国疫情战的故事，留管老师需要从言语到行动影响国际学生，透过自身彰显中国对国际学生的关心和关爱。任何不妥当、不细致的行为都可能会导致负面影响，乃至出现国际学生在网络平台发泄负面情绪的不良后果。

五、结语

疫情期间，留管干部在工作中对接部门多，工作责任大，工作压力较以往有明显上升。此外，留管干部与学生频繁接触，也会增加潜在的感染风险。因此，留管干部承受着身体和精神上的双重压力。如果不能安抚好留管干部，则会导致两个严重的后果：一是工作效率下降，工作成效降低；二是会出现不同程度的心理问题。

各高校必须增加留管队伍的编制，提高留管干部的待遇，畅通晋升渠道；借鉴中国学生辅导员评聘机制，推进留管干部的职业化、终身化；根据留管干部的工作年限和工作成绩进行评级晋升。另外，高校还需要进一步推动中外学生管理和服务工作的趋同化，建立各部门协同推进留学生管理服务的工作机制，按照各部门职能合理分工，适当分化留管干部的工作压力。

在这次疫情中，留管干部长期奋战在工作一线，是一个容易被人忽视的群体，但他们的奉献和热情，他们的坦诚和爱心，换来了国际学生的信赖和爱戴。我们不能忽视站在国际学生背后的一线留管干部，是他们的奉献和付出搭起了多元文化理解的桥梁；是他们日常的每一个举止，给国际学生以潜移默化的影响和引导。北京大学的一位留管老师说："留管干部在苦其心志、劳其筋骨中拷问初心、践行使命、守护希望、追寻光明。"

当我们希望能培养更多知华友华人士时，不能忘了去培养我们的留管干部，他们对国际学生讲好中国故事能起到中介作用，他们的队伍也要后继有人。

附： 参与此次调研的高校名单（22所）

北京大学、对外经贸大学、北京航天航空大学、北京理工大学、哈尔滨工业大学、辽宁大学、河北医科大学、石家庄铁道大学、复旦大学、同济大学、上海外国语大学、南京师范大学、江苏大学、宁波大学、武汉地质大学、湖北大学、安徽医科大学、华南理工大学、广东外语外贸大学、南方医科大学、四川大学、重庆大学。

学术撷英：2019 我国来华留学研究综述

朱兴德*

摘要：2019 年我国来华留学研究在建国 70 年以来来华留学教育的历史回顾与总结、来华留学教育的政策评价与理论探索、来华留学具体工作实践，以及围绕舆情变化进行学术探讨等四个方面做了大量研究工作，取得了较大进展。本文对上述四个方面进行了详细梳理和分析。

关键词：2019　来华留学　学术研究　综述

Abstract：In 2019, academic research on Study in China made great progress in four aspects, including the historical review and summary of Study in China since 1949, the policy analysis and theoretical exploration of Study in China, the refinement of good practice about Study in China, and the academic discussion around the change of public opinion. This paper makes a detailed analysis of the above four aspects.

Key Words：2019, Study in China, academic research, overview

近年来我国高校来华留学教育研究趋于活跃，2019 年研究工作特色明显。一是围绕建国 70 周年出现了关于来华留学教育的历史回顾与总结，二是围绕事业发展出现了关于来华留学教育的政策评价与理论探索，三是围绕工作实践在一些具体领域出现了较有深度的总结和探索，四是围绕舆情变化出现了较为广泛的学术争鸣。本文对上述方面进行简要评述。

一、　历史总结

2019 年是建国 70 周年，各行各业都在回顾总结，来华留学教育也不例外。在公开的一系列研究文献中，有关于来华留学 70 年不同历史阶段的划分，也有关于历史经验的总结和未来发展建议。

关于 70 年来华留学教育历史阶段的划分，目前存在三阶段论和五阶段论等不同观点。在 2019 年的相关研究文献中，较多提及的是三阶段论，但每个具体阶段的表述因作者不同而有所不同。比如中国人民大学重阳金融研究院和丝路学院王文与王鹏在

＊　朱兴德，上海市教育科学研究院研究员、教育部国际教育研究与咨询中心执行主任、教育开放发展研究中心（教育部备案）主任。

《培养全球栋梁之才：来华留学事业 70 年进展、潜力与建议》（2019）中认为，来华留学 70 年可划分为：新中国艰辛探索期（1949—1978），改革开放蓬勃发展期（1979—2012），和新时代全面推进期（2013 至今）等三个阶段。蒙梓（2019）则在《神州学人》中发表文章认为，来华留学 70 年可划分为：迅速起步时期（1949—1978），稳步发展时期（1979—2000），和提质增效时期（2001 至今）。中国石油大学（华东）国际教育学院栾凤池（2019）等认为，来华留学 70 年三阶段可划分为：起步奠基阶段（1949—1977）、稳步调整阶段（1978—2000）、和快速发展阶（2001—2019）。

蒙梓在"新中国来华留学教育历程"一文中站在历史的视角，对来华留学的价值和功能定位等进行了较为系统的概括。他认为，历史表明，来华留学教育是国家战略的重要环节，是我国对外开放的重要内容，是国际外交的重要途径，是人文交流的重要抓手，是"一带一路"人才培养的重要方式，有助于树立良好的中国国际形象、传播中华文化、讲好中国故事。来华留学教育正在成为我国高等教育国际化发展的重要组成部分，也成为国家综合国力的重要体现。

王文与王鹏在"培养全球栋梁之才：来华留学事业 70 年进展、潜力与建议"中认为，来华留学教育 70 年发展经验表明：中国有能力办好国际教育；对留学生的吸引力与综合国力上升同步；"一带一路"效应明显。另外，北京科技大学贾兆义在"改革开放以来来华留学教育发展的基本经验与启示"（2019）一文中认为，改革开放以来，来华留学教育发展的基本经验可以概括为下面几点：即综合国力的提高是来华留学教育发展的根本；国家的开放包容是来华留学教育不断发展的前提；教育事业的巨大进步是来华留学教育发展的基础；科学的规划和政策是来华留学教育发展的关键；学校自主权的释放是来华留学教育发展的保障。

二、 发展研究

伴随着对历史的回顾与总结，对来华留学教育发展问题的研究逐渐增多，其中涉及到问题总结、绩效评估、定位思考、发展建议、质量保障、一带一路建设等多个方面。

关于问题与瓶颈，哈尔滨工程大学丁学忠等人（2019）运用生态系统理论，对来华留学教育存在的问题进行了较系统的分析。他们认为，从宏观维度看，来华留学教育存在地区分布不平衡、教育结构不合理、生源国集中等问题。从中观维度看，存在管理模式趋同，教学与服务水平竞争力不强的问题。从微观维度看，存在的主要问题有国际学生心理问题突出以及工作环节不完善等。其中国际学生心理问题包括广泛的负面情绪，人际关系敏感，文化、心理和社会适应障碍，学习与就业压力等。王文与王鹏在"培养全球栋梁之才：来华留学事业 70 年进展、潜力与建议"中认为，从生源国分布来看，国际学生主要来自发展中国家；中国高等教育在有效提升国际学生"知华"能力上仍有巨大潜力；国际学生就读高校在中国的地域分布上仍欠均衡；就业支撑体系、奖学金效用、留学生教育质量亟待提升。厦门大学陈春萍在"做好来华留学教育工作，助力高校'双一流'建设"（2019）一文中认为，来华留学目前存在下列发展瓶颈：包括国际学生的生源开拓竞争力不足；教学培养的国际化水平有待提高；国际学生的管理机制需进一步优化；国际学生的校友工作还处在起步阶段等。

关于发展建议，哈尔滨工程大学丁学忠等人从系统论的角度，提出来华留学教育改进与发展建议。包括在宏观层面，做好来华留学顶层设计和发展规划，如把好入口关，建立健全的来华留学生准入制度；强化认识，建立共同愿景；组织开展多方位综合评价工作等。在中观层面，创办特色教育，增强国际吸引力。各高校在国际化办学的同时，要立足中国文化特色，在办学的指导思想、学科体系构建等方面体现传统文化精髓。各高校作为发展留学生教育的主体，要充分发挥自我评价、自我促进、自我优化的功能，不断推进特色化和国际化留学生教育发展质量。在微观层面，进一步加强留管队伍和教师队伍建设。多元化的生源需要有多元化、国际化的教师队伍和管理队伍作为支撑。在国际学生层面，优化物质和精神环境，助力跨文化适应。在多元文化背景下，构筑良好的栖息环境和发展空间，提升归属感，助力国际学生跨文化适应，充分释放和挖掘个人的潜力，形成环境认可和身份认同。北京科技大学贾兆义在"改革开放以来来华留学教育发展的基本经验与启示"一文中认为，整体教育发展水平与竞争力是根本因素；发展规划的制定至关重要；正确处理好规模和质量的辩证关系；营造良好的留学环境至关重要。王文与王鹏在"培养全球栋梁之才：来华留学事业70年进展、潜力与建议"报告中建议，未来应吸纳更多的智库人才投入到国际人才培养的教学与管理工作中，加强中国国际教育的品牌特色塑造，稳中求进、宁缺勿滥地提升来华留学事业，着重改进教学模式、提升师资水平。陈春萍以厦门大学为例，建议创新招生宣传模式，发挥奖学金资源效应，加强信息化平台建设，规范招生录取流程，提高生源开拓竞争力；依托综合性大学学科优势，打造来华留学教育品牌；优化国际学生管理机制，统筹谋划国际学生发展方案；重视国际学生校友工作，培养知华友华人士。

关于"一带一路"建设，朱兴德在"'一带一路'沿线教育市场格局"（2019）一文中提出，"一带一路"沿线来华留学市场潜力巨大，特别是中东欧地区和海湾地区，中国教育市场尚未引起当地学生关注，当地来华留学教育市场很大程度上还处于未开发状态，存在进一步开发的空间和机会。中国石油大学（华东）国际教育学院栾凤池等在"'一带一路'国家来华留学生教育的建议和对策"报告中，运用"推拉理论"，从完善来华留学生的政策法规、建立来华留学生教育质量评估体系、提升我国教育国际化内涵发展水平等方面，提出了有利于"一带一路"国家来华留学生教育的建议和对策。具体包括加强顶层设计，增强"一带一路"来华留学生教育与国家战略的契合力；营造良好的留学政策法规环境，增强学生的自身发展力；建立国际学生教育质量评估体系，增强核心竞争力；提升我国教育国际化内涵发展水平，增强可持续发展力；优化改革国际学生奖助学金体系，增强对于优秀国际学生的"拉"力等。

关于质量保障，是来华留学教育进入提质增效新阶段的热门话题，也是非常薄弱的环节。可喜的是有关机构和高校近年已自觉地开展了相关理论和实践探索，并取得初步成效。比如，江苏大学基于"输入—环境—输出（I-E-O）"理论，探索构建了"三元（生源、培养、就业）质量"保障模式，付诸实践并发布了《来华留学教育质量报告》（李新朝 2019）。中国石油大学（华东）探索构建了涵盖目标设定、思想保障、组织保障和工作保障等多个方面的来华留学教育质量保障体系。对留学生实行积分制管理制度，落实精细化管理；构建"研行合一"工作模式，形成国际教育学院发展特色。

三、 工作研究

比较而言，高校来华留学工作研究比较活跃，涉及的领域越来越广，部分研究较好地体现了来华留学的行业特色，这表明来华留学研究与实践工作逐步走向深入。在2019年的相关研究中，引起关注的研究议题涉及来华留学专业教学、管理服务、跨文化沟通、思想教育、招生、缴费、预科教育、国别和区域市场研究、趋同化管理、满意度提升、校友工作、资助政策、社会实践、辅导员队伍建设等。

部分研究项目有创意，研究成果较有价值。比如东华大学严新锋等人专门开展了新媒体环境下高校来华留学教育品牌传播研究，从新媒体传播学角度，首次较系统地探讨了新媒体环境下高校来华留学品牌的打造、传播与维护问题，具有一定的现实意义（严新锋 2019）。还比如华南理工大学安然等人完成的"认知、认同与践行——跨文化视域下国际学生思想教育模式的探索与实践研究"（2019），探索并提出了面向国际学生的思想教育新模式，受到业界关注并获得广东省教学成果一等奖。

四、 舆情变化

来华留学教育是一项有意义、有价值的事业。长期以来，教育系统和社会各界对此有较广泛共识。比如，有利于营造国际化的校园文化，推动学校创新发展；有利于推动中华文化国际交流和传播，营造更加友善的国际环境；有利于培养目标市场国际人才，推动市场合作；也可以为学校带来一定经济收益等等。对此，近年来无论政策宣讲、主流媒体报道，还是学术探索等，均有较详细、较丰富的阐释。

然而，任何事情都有其积极的和消极的一面，来华留学教育也不例外。来华留学教育工作的一些具体举措产生的效果亦是如此。2017年以来，少数"有心人士"聚焦、放大来华留学教育某些消极事件，并借助网络媒体大肆炒作，给来华留学教育造成前所未有的负面舆情困扰。2019年，来华留学教育中的负面舆情借助网络继续发酵。舆情的核心关注依然是来华留学教育的质量效益问题，还有所谓的国际学生超国民待遇问题等，实质上是2018年负面舆情的延续。

值得关注的是，2019年的一些负面舆情引起了较为广泛的社会讨论甚至学术争鸣（李昊 2019）。讨论后期，人们对如何看待国际学生工作、国际学生学伴计划和趋同化管理等有了较为理性的认识。比如，"留学生需要学伴，中外学生应该互为学伴""要反思留学生政策、也要防止民粹主义"（蒲晓宇 2019）。趋同化管理是趋势和发展方向，但是"趋同化并不等于等同化"，来华留学教育有其自身规律和特殊性，"绝对的趋同化既不可能，也无必要。"（张端鸿 2019）"如何对待外国人，顺其自然最好。""在对待外国人的问题上，中国社会要逐渐摆脱应该怎么做的价值判断，而要更多从中国国家和社会利益的角度审视这个问题。"（胡锡进 2019）比如中国招收国际学生是在培育那些国家未来的知华甚至亲华派，增进他们对中国的亲近感。"尽管这注定不是精准的投资方式，但各国的经验表明，它是一项较高成功概率的国家利益增进方式。"

参考文献

1 安然等："认知、认同与践行——跨文化视域下国际学生思想教育模式的探索与实践研究"，《来华留学教育研究（2019）》，北京：北京语言大学出版社，2019 年，第 80—90 页。

2 陈春萍："做好来华留学教育工作，助力高校'双一流'建设"，《外国留学生工作研究》，2019 年第 1 期。

3 丁学忠等："生态系统理论视角下的来华留学教育问题探析"，《来华留学教育研究》，北京：北京语言大学出版社，2019 年，第 43—53 页。

4 胡锡进："如何对待外国人，顺其自然最好"，环球网评论，2019 年 7 月 12 日。

5 贾兆义："改革开放以来来华留学教育发展的基本经验与启示"，《来华留学教育研究》，北京：北京语言大学出版社，2019 年，第 27—31 页。

6 李昊："'学伴'事件不应沦为偏见与歧视的狂欢"，FT 中文网，2019 年 7 月 18 日。

7 李新朝等："来华留学教育提质增效路径与方法探索——基于《江苏大学 2017 年度来华留学教育质量报告》的解读"，《来华留学教育研究（2019）》，北京：北京语言大学出版社，2019 年，第 15—26 页。

8 栾凤池等："构建来华留学教育质量保障体系探索——以中国石油大学（华东）为例"，《外国留学生工作研究》，2019 年第 1 期。

9 栾凤池等："来华留学打造更具影响力的中国教育品牌"，《中国教育报》，2019 年 9 月 27 日第 6 版。

10 栾凤池等："'一带一路'国家来华留学生教育的建议和对策"，《神州学人》，2019 年第 6 期。

11 蒙梓："新中国来华留学教育历程"，《神州学人》新中国成立 70 周年特刊，2019 年 10 月。

12 蒲晓宇："九教授评'留学生学伴'"，海外看世界，2019 年 7 月 18 日。

13 王文、王鹏："培养全球栋梁之才：来华留学事业 70 年进展、潜力与建议"，人大重阳网，2019 年 5 月 30 日，https://www.rdcy.org/Index/news_cont/id/58895.html。

14 严新锋等："新媒体环境下高校来华留学教育品牌传播研究"，《外国留学生工作研究》，2019 年第 1 期。

15 张端鸿："来华留学生教育为何难以实现管理趋同化"，《中国科学报》，2019 年 7 月 17 日。

16 朱兴德："'一带一路'沿线教育市场格局"，《神州学人》，2019 年第 6 期。

2019年来华留学重要学术会议简述

孙　敏 整理

自教育部颁布 42 号令及《来华留学质量规范》两个文件以来，如何落实教育部文件精神，在实施过程中结合各高校自身特点建构新的来华留学教育模式，是今年来华留学学术会议的研讨重点。纵观整个 2019 年来华留学学术会议的议题，我们可以发现"机遇与挑战"、国情教育、专业化教育及预科教育不断被提及，广大专家、学者就实现来华留学的"提质增效"这一核心问题展开了广泛而深入的探索。

2019 年 4 月 9 日，国家留学基金管理委员会在青岛市举办"2019 年中国政府奖学金来华留学工作培训会"，集中交流、探讨中国政府奖学金招生、管理、服务、宣传等议题。各省、市及高校也召开了不同范围的来华留学工作会议，以提升服务质量与效率，推动来华留学教育工作的可持续发展。

4 月 14 到 15 日，"来华留学高层论坛暨 EGPC 全球合作伙伴会议"在南京召开，会议主题为"新时代来华留学教育面临的机遇与挑战"。会议首日为高层论坛，分析、研究新时期来华留学面临的机遇与挑战，探讨留学招生管理的有效模式。次日为全球合作伙伴会议，各高校招生代表与国际代理商进行一对一的洽谈，旨在拓展招生渠道，扩大招生规模，提升招生质量，从而在源头上为提升留学教育质量打下坚实的基础。

5 月 11 日，由外语教学与研究出版社、东北师范大学联合主办的"全国来华留学生预科教育教学模式与教学资源建设研讨会"在长春举办。从教材编写、教学管理、课堂实践等方面探索如何提升预科教育质量与教学效果。

6 月 13 到 14 日，由中国教育国际交流协会主办、浙江理工大学承办的"第五届来华留学工作研讨会暨高校国情教育成果交流会"在杭州召开。会议主题为"聚焦国情教育、提升服务质量"，会议围绕"国情教育"，就国情教育理念、课程建设、项目研发、教学模式等主题展开深入讨论。

6 月 20 到 21 日，由中国教育国际交流协会国际医学教育分会主办，青岛大学承办的"留学生医学教育学术年会"在青岛举办。年会以"提高来华医学留学生教育质量，树立中国医学教育国际品牌"为主题，通过了《来华留学生临床医学专业本科教育（英语授课）教学大纲》，并从临床、基础、管理三大领域探讨如何提升医学教育教学能力、管理水平和培养质量。

7 月 3 日，"来华留学预科教育暨来华留学质量认证工作"研讨会在兰州举行。会议就预科教育模式、人才培养模式、教师队伍建设、招生渠道拓展等议题展开深入讨论与交流。

9 月 24 日，"来华留学本科入学水平调查汉语测验专家研讨会"在北京语言大学举办。与会专家围绕"来华留学本科入学水平调查汉语测验"的研发方案，就试卷结构、考察内容、题型设计、分数处理等问题展开充分讨论。

10月18日，"来华留学质量保障研讨会"在北京国家会议中心举办，会议的主题为"来华留学教育现代化：内涵、现状、未来"。中外专家就如何在"教育现代化2035"的大背景下推进来华留学教育现代化、完善国家来华留学质量保障体系进行了研讨。会上同时发布了2019年度高等学校来华留学质量认证结果并为通过认证的高校颁发证书。与此同时，为进一步推动来华留学生高等职业教育质量的提升和内涵式发展，会上正式启动了"高等学校来华留学质量认证（职业教育）"项目。

10月19日，"第二届中哈经济社会研究论坛暨全国财经院校'一带一路'教育国际化产学研合作联盟成立会议"在浙江财经大学召开。来自哈萨克斯坦驻上海总领馆、浙江省社科联、哈萨克斯坦国立欧亚大学、中国社会科学院、中央财经大学、上海财经大学、兰州大学等近40所高校的60多位研究机构的专家学者以及20余家企业负责人齐聚一堂，大家围绕论坛主题展开了热烈而深入的研讨。论坛期间成立了"全国财经院校'一带一路'教育国际化产学研合作联盟"，旨在加强联盟内部成员单位和个人之间的交流和合作，弘扬丝路精神，为推进"一带一路"沿线国家人文交流和国际教育合作提供良好的平台。

10月31日到11月1日，第二届"'学在中国'来华留学博士生论坛"在南京国际博览中心顺利举办。本次论坛是2019年秋季中国高等教育博览会的主要活动之一，由中国高等教育学会外国留学生教育管理分会主办，江苏省高教学会外国留学生教育管理研究会和河海大学承办。43所高校留学生代表近260人参加了论坛。中国高等教育学会孙维杰监事长、国家留学基金委王胜刚副秘书长、江苏省教育厅洪流副厅长、外国留学生教育管理分会刘京辉理事长等领导出席并致辞。6位留学生代表在博士生论坛上做精彩演讲。南京大学的程爱民教授和北京航空航天大学的翁敬农教授对6位留学生的演讲进行了现场点评。本次论坛按照文科、理工科和医学农林科三大领域申报，共收到来自全国62所高校118名博士生提交的论文。经过严格遴选，最终有38名学生入选。10月31日，入选学生分别在南京大学、东南大学和南京医科大学举办的文科、理工科和医学农林科的分论坛上汇报展示。各分论坛邀请了相关学科及管理专家对每名学生的演讲进行了细心点评并选出了参加总论坛的6名博士生代表。外国留学生教育管理分会于2018年向各会员单位发出举办"学在中国"系列活动的倡议，来华留学博士生论坛为"学在中国"系列活动之一，希望通过博士生论坛等活动为留学生搭建互学、互鉴的平台，拓展学术视野，丰富来华留学体验。

11月2到3日，"机遇与挑战——来华留学工作学术研讨会"在南京举办。本次研讨会由中国高等教育学会外国留学生教育管理分会主办，南京大学、河海大学、江苏省高教学会外国留学生教育管理研究会承办。来自北京大学、清华大学、南京大学、浙江大学、复旦大学、哈尔滨工业大学、西安交通大学和上海交通大学等153所高校的320余名代表参会。

　　11月8日，"来华留学预科教育学术研讨会"在武汉召开，国家留学基金委副秘书长王胜刚、来华事务部主任陈琳、项目主管梅仕士以及来自17所来华留学预科教育培养高校的80余名专家参会。王胜刚副秘书长和陈琳主任都在大会讲话中充分肯定了来华预科教育学术研讨会的重要价值与意义，希望各高校结合当前新形势的发展，推动来华预科教育的"提质增效"。主题发言阶段，北京语言大学、山东大学、天津大学、南京师范大学、同济大学、华中师范大学六所高校的代表从预科课程体系、教材设置及教学模式等方面做了积极探索。分论坛阶段，与会专家就预科教育的教学标准、课程设置、教学模式、预科生培养、教师教材、评估标准等议题展开了深入研讨。

　　11月29日，"来华留学教育协同发展交流会暨南方医科大学来华留学教育20年纪念活动"在南方医科大学举行。中外嘉宾齐聚一堂，交流探讨，共商共促来华留学教育，积极探索在新形势下协同开展来华留学教育的方向和途径。商务部对外投资和经济合作司副司长钱春莺、中国高等教育学会外国留学生教育管理分会理事长刘京辉、中国—东盟教育交流周组委会执行秘书长刘宝利、广东公共外交协会常务副会长傅朗、广东省教育厅交流合作处处长李金俊、南方医科大学学校党委书记陈敏生、副校长文民刚、副校长宁习洲等领导出席会议。来自政府机关、境外合作机构、国际校友会、高等院校、合作医院、实践基地及校内各单位的领导、嘉宾、留学生代表共计220余人出席了会议。

"机遇与挑战——来华留学工作学术研讨会"会议综述

张 斌 孙 敏*

一、会议背景

在习近平总书记构建"人类命运共同体""一带一路"倡议的指导下，我国来华留学教育取得了显著成绩。来华留学教育不仅成为我国教育国际化发展和国家全球化战略人才储备的重要指标，更在构建中国国家形象和助力中外人文交流方面发挥着不可或缺的重要作用。为适应我国来华留学工作不断发展的需要，中国高等教育学会外国留学生管理分会协同南京大学、河海大学、江苏省高教学会外国留学生教育管理研究会，于 2019 年 11 月 2—3 日，在南京市河海大学举办了"机遇与挑战——来华留学工作学术研讨会"。

2019 年，我国已经成为亚洲最大的留学目的国，来华留学工作成为教育外事工作的重点内容。习近平总书记在 2018 年全国教育大会讲话上指出，"中国要打造更具有国际竞争力的留学教育，将我国建成全球主要留学中心和世界杰出青年向往的留学目的国，吸引海外顶尖人才来华留学，培养全球精英"，习总书记为我们指明了新的奋斗目标，也给来华留学工作指明了新的任务和形式。中央的高度重视、高校的双一流建设、经济社会的快速发展转型，都为来华留学事业的转型发展提供了难得的机遇。

机遇总是与挑战并存。当前国际国内形势与环境发生了深刻的变化，内涵式发展、提质增效与趋同化管理是来华留学下一步发展的基本方向。教育部 42 号令、质量规范等系列文件陆续出台，来华留学的工作重点由扩大数量转向提升质量。自 2000 年以来，来华留学事业进入一个高速发展的阶段。截止 2018 年，共有来自 196 个国家和地区的 49.21 万国际学生在我国 1 004 所高校和各类教育机构学习、深造。其中，"一带一路"沿线国籍留学生占比 52.95%，学历生占全部国际学生人数的 52.44%，硕士生占学历生的 23.03%，博士生占 9.92%。（《2018—2019 来华留学年度报告白皮书》）与此同时，国际学生人数的激增与层次不齐的生源质量也对各高校及教育机构对口单位的管理与应对提出严峻挑战。一方面，针对国际学生的课程设置、教学管理、奖助学金激励、管理队伍建设等领域仍在探索之中，从认识高度到制度建设，从管理体制到队伍专业化都亟待提高；另一方面，自 2017 年起，国内舆情针对国际学生的奖助学

---

* 张斌，南京大学海外教育学院讲师，文学博士，研究方向为国际中文教育、现代教育技术、文化传播。
孙敏，南京大学海外教育学院讲师，文学博士，研究方向为国际中文教育、海外汉学、艺术学。

金、"超国民待遇"、违法违规等事件出现恶意炒作现象，2019 年山东大学"学伴事件"更将来华留学教育管理工作推向舆论的风口浪尖。来华留学从高速发展到高质量发展，面临新的课题，需要有组织地不断总结思考，深入研究。

中国高等教育学会外国留学生教育管理分会是全国来华留学教育管理的学界组织，面对形势的变化，学会直面我国留学工作的机遇与挑战，组织相关领域专家与留管一线人员共同研讨。来自北京大学、清华大学、浙江大学、复旦大学、南京大学、哈尔滨工业大学、西安交通大学、上海交通大学、河海大学等 153 所高校以及江苏省教育厅 320 余名代表参会，交流总结经验，共同探讨新时期来华留学工作发展所面临的机遇与挑战，分享各单位贯彻落实教育部两个文件精神的应对举措，探索来华留学工作的提质增效之路，从而培养知华、友华的国际化高端专业人才，更好地服务国家改革开放的整体战略，服务外交大局，服务"一带一路"，为来华留学事业"提质增效"的持续发展提供深度思考与理论指导。

二、 会议开幕式与主题发言

会议开幕式由中国高等教育学会外国留学生教育管理分会副理事长兼秘书长李建民主持，学会理事长刘京辉、国家留学基金委副秘书长王胜刚、江苏省教育厅国际合作处处长贺兴初、南京大学党委常务副书记杨忠、河海大学副校长徐卫亚等出席了开幕式并致辞。中国高等教育学会外国留学生教育管理分会理事长刘京辉女士在致辞中指出：党的十八大以来，来华留学事业进入了"强基础、固根本、谋创新、上水平"的快速发展期，国内各级院校在国际学生招生、教育、管理等方面亟需进一步深化改革，提质增效，明确使命，勇于担当。无论是宏观上的服务于中国教育现代化的规划目标，还是微观上助力各高校的"双一流"建设，助力各级学校的国际化建设，来华留学教育都面临着千载难逢的机遇。与此同时，来华留学事业也面临着越来越复杂的内外部环境，社会对来华留学的关注度越来越高。从学会层面上，需要在明确行业定位的前提下，组织有效的科研与培训工作，每年突出一些工作重点，扎实推进、因地制宜。作为留管从业人员，从事这项工作必须要有科学的态度，有深入基层、掌握一手情况的方法，也要有分析问题、破解难题的能力及协调各方、充分预判的能力，只有扎扎实实、摸清底数、瞄准问题、明确目标、落实举措，才能把留学生教育管理工作做好。举办这次会议，就是希望能够举全国来华教育之力，聚全国来华留学教育之智，认真贯彻落实教育部两个文件精神，发现问题，寻找规律，进一步推进全国来华留学教育更好地发展。

在 11 月 2 日和 3 日上午举行的两场大会发言中，江苏省教育厅国际合作处施蕴玉、华南理工大学安然、北京航空航天大学翁敬农、浙江大学沈杰、天津大学杜修平、唐风国际汉语李劲松等多位专家分别从政府引导、教学研究、学校管理、跨文化适应、"互联网＋"国际教育等多个层面作了主题发言。施蕴玉副处长在发言中全面介绍了江苏省国际学生教育的发展情况。江苏作为我国来华留学规模大省，制定了《留学江苏行动计划》、《留学江苏目标学校》、《留学江苏政府奖学金》三个基本文件，规范江苏留学教育的规模、质量与效益。自 2014 年以来，江苏省的留学生规模以年均 18% 的速度增长；2018 年，江苏省留学生人数达到 4.59 万人，其中学历生占比 60.85%。在确保规模的基础上，江苏省也在积极探索提质增效方面的举措，通过对国际化师资队伍建设、国际化课程建设、国际合作办学、奖助学金政策、搭建校企平台等方面的支持，从地方政府的角度积极探索来华留学工作政策引导、服务支持与配套管理的有效举措。

安然教授和沈杰教授分别从教学实践和学生管理两个层面探讨了国际学生在中国的跨文化适应问题。安然教授的发言以 John Barry "濡化理论"（Acculturation）为出发点，创造性地融进中国的"阴阳"视角加以发展，列举多元文化教育背景下中外学生的跨文化适应问题，探索培养具有跨文化知识背景与全球文化胜任力的青年学子。安然教授以华南理工大学国际学生通识教育课程体系为例，介绍了该校"跨文化适应与传播"、"心理学"、"中国国情文化"、"广东地域文化"这四大课程模块的建设情况，分享了许多课堂教学实践的优秀案例。沈杰教授认为我们培养的国际学生其核心竞争力是具有全球视野的跨文化专业人才，因此，跨文化适应是来华留学工作的重点课题。它不仅关涉国际学生的跨文化适应，还涵盖中国学生及留管工作人员的跨文化交际能力。我们应当充分借鉴世界各国，尤其是欧美发达国家对国际学生培养的教学管理与配套政策，认真整理当前国内高校在国际学生跨文化适应方面管理经验的不足以及可能的提升途径。这也是提升国际教育质量、实现多元文化包容的关键。

翁敬农、杜修平两位教授的报告关注留学教育的"供给侧"话题，从市场与管理模式角度探讨了来华留学工作的面临的挑战与发展。翁敬农教授引入"供给侧"概念，认为来华留学进一步提质增效的发展必须坚持问题导向、需求驱动，充分认识到现阶段我国来华留学事业当前发展意识、条件、能力三个方面存在的不足，坚持面向未来、面向"一带一路"的基本方向。所谓"提质增效"，需要实现从满足需求到主动服务教育对外开放的转变，充分利用中国现有的发展条件和优势，积极服务国家政策，提供更加丰富、更有吸引力的教育供给，实现来华留学教育教学与管理质量的根本提高。杜修平教授提出来华留学教育要"不忘初心，牢记使命"，详细的梳理了来华留学教育近 70 年的发展历程，认为人才培养和服务外交就是来华留学教育工作的初心和使命。新时代来华留学教育应该置于习近平"人类命运共同体"思想下开展工作，为"构建人类命运共同体"培养知华、友华高素质人才。在不同的发展阶段，来华留学事业有不同的发展趋势和侧重点。现阶段的热点集中在中外学生的趋同管理、平衡规模与提高质量、自费生的发展、全英文授课等方面，但人才培养和服务外交的初心使命未变。唐风汉语李劲松总裁在报告中，从"一带一路"沿线 82 个合作园区、3 120 个项目、近 30 个就业岗位所蕴藏的庞大人才市场前景出发，提出中国国际教育的信息化发展方向。并介绍了唐风利用 CCTE 模式，利用"互联网＋"开放合作办学的技术优势向"一带一路"国家输出中国优秀的职业教育培养体系，解决海外中资企业的本地化用人困境，规避来华留学海外办学风险等等方面的经验与所提供的服务。

三、 分会场研讨

11月2日下午根据不同议题设立了八个分会场。与会代表们分别针对来华留学的政策法规、教育管理、课程建设、队伍建设、跨文化适应、舆情公关、奖助学金等相关议题分享自身经验，介绍案例，展开深入探讨与交流。

第一分会场为贯彻落实教育部42号令与《质量规范》两个文件精神的专题论坛。该论坛邀请各校院处级领导参加，从教育部两个文件的规定与指导精神出发，就当前来华留学教育管理事业中面临的学科定位、管理权限与层级、院系发展策略、师资管理队伍建设等方面的问题，结合各校自身特点，分享现实情况与治理经验。会场讨论气氛热烈，与会的专家与领导重点讨论了趋同化管理中中国特色与国际化的平衡问题以及国际学生辅导员管理、设置、编制与考核问题，认为"提质增效"政策的落地必须充分依托各高校自身专业优势，在提升生源质量的基础上提升教学质量。

第二分会场的研讨主题为"国际学生教育和培养模式研究"，浙江大学孙芳娇以南洋理工大学为案例，分享该校在办学理念、内部治理、课程体系、师资建设、学生结构与合作伙伴五大方面国际化建设的成功经验，认为南洋理工大学对国际化与本土化二者关系的明确定位值得国内高校借鉴。同时，国内高校也需要进一步加强以国际声誉为中心的治理体系与治理能力的现代化建设，实施有竞争力的人才政策，建立健全人才保障与激励机制，打造融入先进教学科技的国际化课程体系，重视国际校友会的建设与维护。苏州大学朱履骅的报告从"在地国际化"入手，探讨利用国际学生资源，使来华留学教育反哺本土教育国际化的途径与方式，从另一个角度认识来华留学教育的国际化价值。她还介绍了苏州大学利用在地化的国际学生"INCITE英才项目"与苏州大学海外交流协会SICA等活动与机构，有效增强全校师生国际化意识与视野的实践经验。北京科技大学郭凯琳则针对当下国际学生普遍出现的学习目标不明确、兴趣不浓厚、主动性不高、态度不认真等学风问题介绍了该校在国际学生学风建设上主导的"六寓"理念，认为国际学生的学风建设必须认识到国际学生在大环境中被孤立的心理特点，知识基础薄弱、语言不过关的现实情况，学校、学院、学生必须形成合力，齐抓共管方能奏效。南京信息工程大学胡苏阳、齐齐哈尔大学韩美子也分别从各自学校的实际情况出发，就如何优化创新管理模式，建立健全评估体系，在跨文化语境下进行国际学生的思想意识形态工作等方面提出了意见。

第三分会场与第七分会场研讨主题为"国际学生教育管理现状与发展趋势研究"，与会代表既有来自高校的管理者、一线教师，也有从事国际学生管理平台开发的公司代表。天津医科大学韩霏在报告中提出医学院校可以借鉴欧盟国家"博洛尼亚进程"教育改革计划成功推进的经验，探索建立"亚洲医学大校园"联盟，形成独立于美国和欧洲之外、有公信力的医学考试评价体系。通过互认学分、课程、师生交流，使构建国际化的亚洲医学教育体系成为可能，进而形成"亚洲医学大校园"、"一带一路"医学大校园，成为构建"人类健康命运共同体"的重要组成部分。温州医科大学张晴以该校国际学生的满意度调查为数据基础，分析国际学生对教学管理与生活服务满意度的整体评价。数据显示：国际学生整体上对国内高校的硬件设施、教学仪器，安全环境持正面态度，但对心理咨询、职业生涯指导、教学方法、运动健身设施等方面的满意度偏低，这些数据为我们完善国际学生培养方案，进一步提升留学教育和管理工作提供了有益的参考。清华大学邹楠、长春师范大学文银花的报告都聚焦中外学生趋同化管理的现状与困境，两校都认识到趋同化管理面临着辅导员设置不规范、职责范围不清、校际院系之间如何协调配合，以及政府、高校、社会三者如何协作等相关问题，强调趋同化教学管理应当注重内涵研究、注重现代化信息技术在国际学生管理工作中的应用。河海大学张秀菊围绕河海大学的培养优势，从语言专业背景、课堂表现、自我适应能力这几个维度分析该校为"一带一路"沿线国家培养水利高级人才所面临的机遇与挑战。此外，中国石油大学王俞苹、西安交通大学田美、沈阳建筑大学陈宗胜等学者分享了各校在"一带一路"学生录取机制、招生改革等方面的经验。来自南京双日教育科技有限公司的代表则展示了该公司开发的全球招生、面试与录取考试系统，探讨了 AI 人工智能技术在国际学生智能管理方面的应用前景。

第四分会场研讨主题为"国际学生中国概况课程和文化教学研究"。自教育部 42 号令第十六条明确规定"汉语和中国概况应当作为高等学历教育的必修课"以来，各级学校都在积极探索国情教育课程的建设。该分会场汇聚了中国概况、中国文化与汉语课程的一线教师，分享课程建设的已有成果，讨论现实困难，共商应对措施。武汉大学洪豆豆认为，相较于 42 号令之前中国高校常用的几种《中国概况》版本，上海外语教育出版社出版的《中国概况》具有系统全面、立体丰富和开放共享的特点，尤其是基于"互联网＋"相关理论建立的中国概况教学网络平台，依托网络资源和视频教材库开展教学，可以最大程度地将中国和中国文化的各个侧面通过视频、图片、APP等形式呈现给学生，把传统课堂教学改造成集班级授课与网络学习个性化为一体的新型教学形态，提供全时空、多维度的线上线下融合的学习空间。唐风汉语叶长青分享了由南京大学、浙江大学、武汉大学、天津大学、哈尔滨工业大学、唐风汉语等共同建设的《中国概况》分级教学体系及教学网络平台。该平台着眼于解决实际教学难点，充分利用在线教育科技重新构建教学生态，通过"线上线下混合式教学"模式的探索实践，利用翻转课程设计使学生在课前、课中、课后不同阶段产生线上与线下双轨学习行为；教学内容的模块化搭建，线上线下融合程度由教师把控，真正实现教师因班制宜、丰俭由人的教学自由度；评价机制亦由单一的考试形式升级成多元化、差异化、个性化的考评体系，从而实现教学手段与方式的多样化、教学数据的精准化，促进院校教学创新和"金课"建设的整体发展。西安交通大学冯潇从传播学入手，认为跨文化语境下的国情教育课程应当积极寻找中国文化核心价值观与世界其他主流文化的相通之处，从而增强说服力量。北京信息科技大学李占基于汉字书写难的事实，认为要对"先语后文"的内涵提出新解释，尤其是要解决"先""后"的时间差问题，从系统角度提高汉字学习效率，多维度地降低汉字难度。

第五分会场的研讨主题为"国际学生跨文化教育与交际研究",与会代表结合跨文化语境下的国情教育展开研讨,从文化活动、跨文化适应、志愿服务等方面研讨提高国际学生跨文化能力的主要方法与路径。西安交通大学温广瑞认为与海外文化传播相比,国际学生教育具有国外不可比拟的优越环境与资源优势,真实的汉语文化学习环境、相对稳定持续的学习时段、丰富多样的社会实践活动,都为国际学生与中国文化的深度接触创造了有利条件,这使得深层精神领域的领悟与认同具有更多的可能性与操作性。江西财经大学叶卫华从课堂教学、校园活动、社会实践这"三个课堂"的视角探索国际学生"知华友华"的教育设计,认为国际学生对中国的认同教育必须是三者融合,潜移默化的渐进过程。

第六分会场的研讨主题为"来华留学教育的舆情公关策略研究",与会学者针对当下来华留学的整体舆情氛围,认为来华留学管理机构必须优化舆情应对方案,建立舆情的监测、研判机制,调动多方面资源,线上引导回应,线下解决问题。上海大学谢文博将网络舆情根据传播渠道分为外部舆情与内部舆情。外部舆情指社会网民对高校国际学生的舆论,舆情主体针对国际学生,传播路径以微博、微信的自媒体为主。与此相对,国际学生对于与自身利益相关的事件评论引发的舆论称之为内部舆情,它的传播路径多为国外常用的社交软件。虽然国内学者关注的热点多集中在外部舆情,但内部舆情对于留学生管理人员而言同样重要,必须加以充分的关注。常州大学周刚通过实际的跨文化冲突案例,分析因文化差异、习俗差异而引起的舆情,分析其社会学基础并寻求合适的解决之道。北京航空航天大学以该校曾发生的电子邮件舆情为例,分析网络舆情的几个发展阶段与该校的应急处理措施,认为高校需与时俱进,充分利用新媒体技术提升管理服务能力,创新思想教育方式,努力搭建正面信息传播平台,主动作为,掌握好话语权与控制权。同时,也必须提高网络意识形态危机意识,不断完善高校各类突发事件应急处理机制,与公安机关紧密配合,及时更新网络监察技术,提升舆情的监督能力。

第八分会场的研讨主题为"来华留学奖助学金政策与留管干部队伍建设",各高校通过调研报告、数据分析、专项访谈等形式梳理分析了来华留学奖助学金的基本现状、存在问题、管理模式和工作特点,从高校层面,就招生、教育与教学、管理与服务三个维度提出对于未来发展的思考。北京航空航天大学赵爽通过调查研究 266 所中国政府奖学金生接收单位基本情况与管理方式,对高校从招生、教学、管理三个角度提出改革思考与建议。天津海运职业学院郭俊含认为,国际学生的奖学金评审需要运用有效的绩效考核,来鼓励对学校有贡献的国际学生、惩罚不思进取的国际学生。此外,针对留管干部队伍建设的议题,与会者从政治素质、理论素养、跨文化能力、管理能力、心理素质、危机应对能力等方面探讨来华留学管理干部应具备的素质及能力,为留管干部队伍整体建设提出建议。吉林大学李梅花认为留管从业人员的"内涵"发展应当包括过硬的政治素质、扎实的理论知识、对多元文化的理解能力和跨文化交流能力、管理能力、心理素质、危机应对能力以及自我修养和自我形象管理这八大方面。

西安外国语大学丁铭从自身经历出发，提出当前国际学生辅导员队伍普遍存在人数不足，受关注程度低，从业热情不高等问题，需要在人事归属、考核体系、助管制度等方面进一步加大改革力度。哈尔滨师范大学闫蕾从思政角度出发，认为目前在是否要对国际学生进行思政教育这一问题上存在分歧，国际学生来华后易受到双面意识形态的影响，如果不主动去沟通，反而会失去话语的主动权。

四、 会议述评与总结

经过一天半的会议议程，留学基金委与学会领导、国内主要高校的留学生管理专家学者与外事工作人员为来华留学工作"提质增效"发展勾勒出基本的发展蓝图，也为来华留学事业的学术研究厘清了学理基础与研究思路。来华留学工作研究作为应用性极强的社会实践工作，其指导思想源于诸多学科的理论基础与交叉应用，涵盖了教育学、管理学、社会学、心理学、跨文化交际、传播学、国际政治、世界史、公共关系、语言文字学、信息科技与其他相关领域。从此次会议的发言情况来看，当下针对来华留学的相关研究在中国文化传播、国情教育、国际化课程建设、"一带一路"留学生培养模式方面的研究较为集中，在高层次留学人才培养、奖助学金研究、趋同化管理、特色行业国际学生培养、舆情管控、预科建设、自身队伍建设等方向的研究为数不多，方向相对分散，仍有大量空间有待挖掘。

大会闭幕式由学会副理事长栾风池教授主持，学会副理事长程爱民教授对会议做了小结。他认为此次学术研讨会参会论文研究扎实、学术格局高、视野宽阔、研究成果理论与实践相结合，具有很强的现实意义和推广价值；此次会议代表有"两多"：处级干部多、年轻教师和管理干部多，他们代表我国来华留学工作的美好未来。经过为期两天的会议，通过一系列主题发言与分论坛讨论，与会者充分交换了各自观点，凝聚了共识，明晰了来华留学教育管理事业面临的机遇与挑战，一致认可中国高等教育学会外国留学生管理分会在来华留学教育管理学术工作上的引领作用，明确了学会"学术立会"的根本宗旨，也标示着学会作为国家来华留学智库所具有强大的学术潜力。中国高等教育学会外国留学生教育管理分会将在 2020 年继续创造研究和交流机会，通过学习＋思考、实践＋总结这两个"加法"，激发思想碰撞，组织课题研究；从学理层面总结经验，厘清思路，促进学会科研工作全面展开；服务国家政策咨询，服务"一带一路"战略，服务学校教学管理，推动高校"双一流"建设，提质增效，推进我国来华留学事业再上新台阶。

高校国际学生辅导员工作研讨会综述

李梅花　隋祎宁　关添月*

"新时代国际学生辅导员的初心与使命——高校国际学生辅导员工作研讨会"于2020年1月11日在吉林大学成功召开。本次会议由吉林省高等学校外国留学生教育管理学会主办，吉林大学国际教育学院承办，旨在加强高校国际学生辅导员队伍建设，对来华留学教育的时代使命感达成共识，促进来华留学教育的内涵式发展。来自全国61所高校的133名代表参加了本次会议。本次会议包括开幕式致辞、主旨演讲、议题发言、大会总结发言四个阶段。

一、 开幕式致辞

吉林大学国际教育学院院长李梅花在大会致辞中表示，21世纪以来，随着高等教育国际化进程不断加快，来华留学教育事业的发展为中国走向世界作出无法量化的贡献。习近平总书记在全国教育大会的讲话中指出，要打造更具有国际竞争力的来华留学教育。教育部明确提出来华留学教育要坚持"质量第一"，严格规范管理，走内涵式发展道路。新时代来华留学教育内涵式发展有三支队伍非常关键，即教师队伍、管理人员队伍和国际学生辅导员队伍。来华留学教育事业已进入提质增效的发展阶段，全力打造一支专业化、国际化、政治站位高的国际学生辅导员队伍十分迫切。但是目前，国际学生辅导员队伍在建设与发展中遇到了现实困难与问题，需要各高校同行间互相交流经验、取长补短。举办本次会议的初衷也是希望可以借助全国平台的力量，从交流分享中收获经验，使各高校在国际学生辅导员队伍建设过程中避免走弯路，在来华留学教育事业快速发展的道路上共同前进。

吉林省对外汉语教学培训中心（吉林汉办）副主任丁川在致辞中表示，在党中央召开"不忘初心、牢记使命"主题教育总结大会后，我们今天能够聚在一起研讨交流高校国际学生辅导员工作，砥砺高校国际学生辅导员初心，牢记我们的时代使命，是作为来华留学教育工作者求真务实的具体体现，可谓恰逢其时，意义深远。来华留学教育不断发展离不开好的时代、好的政策、好的趋势以及好的研讨机会。希望大家通过交流研讨，加深友谊，在交流研讨中受启发、有收获，一起为共同的事业建言献策、贡献智慧、交流宝贵经验。

---

* 李梅花，吉林大学国际教育学院院长，博士，研究方向为国际教育、人口老龄化。
隋祎宁，吉林大学国际教育学院副院长，博士，研究方向为国际教育、商法学。
关添月，吉林大学国际教育学院辅导员，硕士，研究方向为国际教育、经济法学。

二、 大会主旨报告

吉林大学临床医学院党委副书记兼副院长王晓蓉教授和公共外交学院副院长孙兴杰教授分别以"坚守'思政'主阵地，建设专业化精细化管理团队"和"百年变局与中国大国外交"为题，为参会代表做主旨报告。

王晓蓉教授从事本科生思想政治教育工作已经30年，在高校学生管理工作方面有着丰富的经验。她从辅导员工作的内涵和演变、习近平总书记对高校思政工作的要求和期望、辅导员工作日常的岗位职责、要求这三个方面，结合自己工作中的实际经历，向大家分享经验，引起了参会代表的共鸣及对国际学生辅导员的角色定位的思考。

孙兴杰教授则立足于学术研究，从中国的外交环境及习近平总书记提出的"世界处于百年未有之大变局"的角度出发，结合自身的工作经验和指导国际学生的经验，为我们深入阐述了对百年未有之大变局的理解以及来华留学教育的战略意义。

三、 议题发言

本次工作研讨会的重点，围绕"来华留学教育内涵式发展与国际学生辅导员的时代使命""国际学生辅导员的岗位职责、考核标准与评估体系建设""国际学生辅导员与'思政'工作""突发事件应急处理与国际学生辅导员的作用"四个议题，共有来自17所高校的21位参会代表分别进行发言，分享工作中的体会与心得。

在议题一"来华留学教育内涵式发展与国际学生辅导员的时代使命"中，来自江南大学、西南大学、辽宁大学、长春工业大学和长春师范大学的5位参会代表，分别从来华留学教育事业总目标、来华留学教育趋势、来华留学教育的初心与使命、国际学生辅导员的角色定位、处理国际学生工作中的现状和问题等不同方面，结合各个学校的工作特点和自身实际经历分享自己对"国际学生辅导员使命担当"的理解，深入浅出地解读了在新时代背景下如何在趋同化管理中体现国际学生辅导员的责任与使命。

议题二重点探讨"国际学生辅导员的岗位职责、考核标准与评估体系建设问题"，这也是各高校在建设与发展国际学生辅导员队伍时面临的共性困惑。来自5所高校的6位发言代表分别阐述了在42号令、43号令和50号文件的政策指导下，不同高校所制定的国际学生辅导员岗位职责、考核标准、评估体系、激励办法和国际学生辅导员的发展困境。

首先，北京林业大学王锦老师总结归纳出目前国际学生辅导员的三种归属模式并分别分析不同模式的优缺点。第一模式是国际学院（或国际教育学院）一体化管理模式，国际学生辅导员从招聘到管理、考核，基本都是在国际教育学院完成。但在职称评定时，中国学生辅导员和国际学生辅导员的考评标准是一致的，并不体现国际学生辅导员的差异性，存在劣势。第二个模式就是多个部门共同管理。学校将中国学生和国际学生视为一个群体，没有中国学生辅导员和国际学生辅导员的区别，辅导员统一归学生工作部门管理，学生的招生由招生办公室负责，学生的教学问题统一归教务处管理。这样的模式弊端在于国际学生占比较小，辅导员的工作重点放在中国学生身上，并不利于国际学生的管理有效性。第三种模式是单一职能部门管理模式。国际合作处留学生办公室负责国际学生的招生与管理，国际学生散落在各个学院，中国学生辅导员要兼职管理国际学生。此外，王老师还介绍了北京林业大学对国际学生辅导员的奖励机制，为在座的各高校代表提供了推动国际学生辅导员队伍建设的新思路。王老师表示希望搭建固定化的国际学生辅导员研讨会机制，通过大家的共同呼吁，在更高的层面给予我们刚刚起步的事业更多的关怀、政策和支持。

来自华中科技大学的黄超老师在介绍学校整体国际学生情况和数据后，分享了将国际学生辅导员放到院系管理并参加整体辅导员考核的工作经验和心得。在实际工作中，国际学生辅导员与院系教务员分工明确，涉及到教学管理的工作归教务员，国际学生辅导员重点从事日常管理、涉外管理、跨文化适应等工作。国际学生辅导员既是从事思政工作的人员，也作为行政人员，同时也把他们定性为外事人员，将来能够借调或者驻外。

随后，来自吉林大学的关添月老师分享了吉林大学在制订国际学生辅导员具体考核指标体系时的心得，从制订背景、考核指标中趋同化及差异化的具体体现和制订考核指标的意义三个方面进行汇报。在国际学生辅导员考核指标体系中，保留了中国学生辅导员考核的框架体系，结合国际学生工作中的实际内容进行修改，重点解读了学生日常事务管理、校园危机事件应对和职业生涯规划、就业创业指导与校友跟踪指标中国际学生辅导员与中国学生辅导员不同的考核侧重点。

同济大学刘淑林老师分别从同济大学国际学生辅导员岗位职责与考核标准的制订背景、国际学生辅导员配比情况、国际学生辅导员具体岗位职责及考核标准和目前存在的问题四方面进行论述。同济大学目前实行国际学生辅导员由学校和学院双重管理的方式，学生工作部和留学生办公室牵头负责国际学生辅导员的培养、培训和考核等工作，考核标准还是与中国学生辅导员挂钩在一起，只是进行一些补充。但国际学生辅导员相关保障及国际学生辅导员相关晋升通道实施细则仍需明确。

来自上海交通大学的韩红蕊老师另辟蹊径，从上海市对各高校国际学生辅导员的配比情况、年龄分布、工作时间及工资情况的调研入手，分析国际学生辅导员队伍在发展中的问题与困惑，如职业角色困惑、胜任力困境和自我效能感不足、职业认同的困境和职业边界模糊等问题。希望从理论研究出发，多为关于国际学生辅导员和国际学生的课题立项，为国际学生辅导员提供职业化、专业化的发展机会。通过理论研究，为国际学生辅导员该往哪个方向发展，怎样发展指明方向，希望通过理论研究影响制度走向。

吉林大学李悦老师则从国家的政策文件、趋同化管理模式、国际学生辅导员的角色定位出发，探讨国际学生辅导员的具体岗位职责。国际学生辅导员除应该具备中国学生辅导员的基本职责外，还需要具备坚定的政治敏感性，熟悉中国的法律法规，具有广阔的知识储备，才能形成良性的"教育＋管理"模式，建立互相理解、互相信任的良性师生关系。打破管理模式，努力实现国际学生与中国学生的趋同化管理，让国际学生不仅落地，还能在中国生根。

本次研讨会的第三个议题是"国际学生辅导员与'思政'工作",来自上海体育学院、重庆大学、同济大学、西南大学、北京化工大学、中国石油大学(北京)、西安外国语大学的 7 位代表分别就对国际学生是否需要进行思政工作、国际学生思政工作的演变及国际学生思政工作的具体内容进行阐述。通过 7 位发言人的介绍,可以发现目前各高校对国际学生的思政工作内容普遍为思想教育、道德教育、法治教育、安全教育、国情教育、心理健康教育等。虽然各高校国际学生的思政工作内容框架大体相同,但在新时代背景下,如何创新国际学生的思政工作内容与方法是大家的共同诉求。国际学生的思政工作是国家战略客观需要,也是提升管理水平的必要途径,更是解决国际学生对中国学习和生活环境不适应的现实需求。不断优化国际学生思政教育手段,从学习、生活的点滴中培养国际学生优良的行为准则和思想内涵是国际学生辅导员必须面对的思政工作。

本次研讨会的最后一个议题是"突发事件应急处理与国际学生辅导员的作用",共有 3 名代表进行发言。来自西安交通大学的赵婷老师主要分享在实际工作中所处理的突发事件案例,介绍了应对突发事件的应急预案及日常工作中如何妥善处理突发事件,不让突发事件进行二次发酵。东北师范大学的常颖老师以一件案例为出发点,介绍学校在处理突发事件时的流程及注意事项,强调突发事件要以预防为主,要建立完善的应急处置预案,事情发生时马上响应预案,可以规范化处理好突发事件。吉林大学薛雷老师重点结合吉林大学 2017—2019 年突发事件类型特点和具体数据分析,强调国际学生辅导员在突发事件处理中角色转换的重要性。国际学生辅导员从突发事件处理者、法治法规底线的守护者到心理疏导者、职业生涯规划定制者、跨文化适应引导者,这就是职责需求和大势所趋,实现辅导员角色转换,就能避免突发事件的发生。

来自北京工业大学的刘增华院长从指导和培养国际学生的亲身经历出发,分享了国际学生辅导员工作的必要性,强调国际学生与中国学生趋同化管理的重要性。他表示,希望通过大家共同的努力,推动国际学生辅导员队伍的建设与发展,为实现国际学生趋同化管理、提升国际学生培养质量、落实来华留学教育提质增效建言献策。

四、 大会总结发言

吉林大学国际教育学院李梅花院长在大会总结发言中感谢每位发言代表的精心准备和精彩发言。她指出,本次会议时间虽短,但日程安排紧凑,信息量非常大,相信参会代表都能受到启发,有所收获。或许在国际学生辅导员队伍建设的过程中大家有很多共同的困惑,但相信这是短暂的,未来的发展道路要靠大家共同开辟。今天的大会只是开端,大家理清了思路,国际学生辅导员应该怎么做,学校应该怎么做,是否建议教育主管部门增加全国层面的官方国际学生辅导员培训机会,工作研讨会是否要固化,都是大会思考并达成共识的问题。来华留学教育事业离不开一支优秀的国际学生辅导员队伍,希望在座的国际学生辅导员一定要培养自己的科研能力,多进行课题研究,多发表论文,用理论指导实践。也希望各高校同仁间多进行交流和经验分享,大家共同推进来华留学教育事业的内涵式发展。

《国际学生教育管理研究》 征稿启事

《国际学生教育管理研究》（International Student Education and Management）由中国高等教育学会主管，外国留学生教育管理分会主办，是我国来华留学教育与管理科学的专业学术性集刊。专门研究与探讨我国国际学生教育管理方面的理论和实践问题，宣传我国国际学生教育方针和政策，反映我国国际学生教育改革和发展的动态和经验，展示我国国际学生教育管理研究领域的最新成果，并介绍世界其他国家关于国际学生教育管理研究的成果和发展趋势。

《国际学生教育管理研究》自 2020 年起，由上海外语教育出版社正式出版，每年出版两本。来稿请按照格式要求排版，并将电子文本发至《国际学生教育管理研究》编辑部信箱 isem_cafsa@163.com。

《国际学生教育管理研究》 征集并择优发表以下研究领域的论文：

1. 贯彻落实教育部 42 号令和《质量规范》专题研究；
2. "一带一路"来华留学教育专题研究；
3. 高校层面来华留学治理体系现代化研究；
4. 国际学生教育管理标准化与培养体系研究；
5. 国际学生教育管理现状与发展趋势研究；
6. 国际学生预科教育制度研究；
7. 国际学生奖助学金评估考核机制与绩效研究；
8. 国际学生研究生导师队伍现状与建设研究；
9. 国际学生跨文化教育与交际研究；
10. 国际学生心理适应与干预机制研究；
11. 国际学生舆情案例与公关策略研究；
12. 国际学生英语授课专题研究；
13. 国际学生汉语和"中国概况"课程教学研究；
14. 国际学生教育管理中外比较研究；
15. 国情教育课程设置、教学大纲、教学方法研究；
16. 中外学生趋同化管理研究；
17. 留管干部队伍建设、培训与绩效考评体系研究；
18. 高等职业教育国际学生教学管理模式研究；
19. 来华留学入学标准研究；
20. MBBS 招生、培养、课程、实习相关研究。

热诚欢迎来华留学及相关领域专家学者、各级外事部门工作人员、高校留管干部和教师等来稿。来稿具体要求参阅《国际学生教育管理研究》来稿须知。

来稿须知

为确保稿件筛选的公平公正，《国际学生教育管理研究》所有稿件均采用匿名外审进行遴选。来稿请遵守学术规范，切勿一稿多投。稿件收到后三个月内给予回复，若三个月内未收到编辑部退信或备用通知，请自行处理。来稿审核通过后，编辑部将及时与作者联系，发送改稿或用稿通知。因编辑部人员有限，不能一一办理退稿，恳请理解。编辑部保留对文章的修改权，如有较大改动，将及时与作者沟通，细微改动不再另行通知。不同意修改、删节和摘登，请于文末特别注明。

来稿请按照稿件格式要求排版，提交电子文本至 isem_cafsa@163.com，电子文稿请以 Word 格式发送，请勿提交打印文本。投稿邮件名请按"投稿-（作者名）-（文章名）"格式书写。

附： 稿件格式要求

一、来稿提交电子文本。

二、来稿字数以 5 000—8 000 字为宜。

三、来稿文本应包括

　　1）中、英文标题；

　　2）中、英文摘要（300 字以内）；

　　3）中、英文关键词（3—5 个中文每个词之间空一格，英文用逗号分隔）；

　　4）正文；

　　5）参考文献；

　　6）作者基本信息（姓名、学位或职称、研究方向、最新主要成果、联系方式，若论文为基金支持项目，请注名基金项目名称与编号）。

四、中文字体：

　　1）大标题用三号黑体；小标题用小四号黑体；各级标题依一、（一）1.（1）顺序编号；

　　2）正文用五号宋体；

　　3）中文摘要、参考文献用小五号宋体。

　　4）脚注由 Word 文档自动生成。

五、英文字体：

　　1）一律使用 Times New Roman；

　　2）大标题用三号字体；小标题用小四号字体；

　　3）正文用五号字体；

4）英文摘要、参考文献用小五号字体；

5）脚注由 Word 文档自动生成。

六、行距：正文用单倍行距，小标题和正文之间上下各空一行。

七、图表：文中图表分别顺序编号（图1，图2……，表1，表2……）。表格编号居中置于表头上方，图片编号与名称居中置于图片下方。图片请提供高清位图或矢量图（若图片文件格式较大，请以压缩文件单独另附）

八、参考义献：

1）使用"脚注"对正文内容进行补充说明，不用与表明参考文献出处；

2）参考文献文内标注：在引文后加圆括号，圆括号内注明作者和源资料页码，中间空一格，如（程爱民 9）；如引用同一作者的多部作品，则在作者姓名和页码之间加上出版时间，出版时间与页码之间用冒号隔开，如（程爱民 2019：9）；

3）参考文献正文后标注为 MLA 格式，按作者姓名拼音字母顺序排列：

中文专著：著者：《书名》，出版地点：出版社名称，出版时间。

英文作品：Last Name，first Name. book title（italicized）. name of city：name of publisher，year of publication.

中文论文：作者："作品标题"，《期刊名称》，期刊号，迄止页码。

英文论文：Last Name，first Name. "title of article." Name of journal（italicized）volume number（year of publication）：page numbers.

网上资源：作者或网站名："文章标题"，发表日期，网址。

九、以上投稿格式中没有包括在内的情况请按照 MLA 格式统一规范。

十、参考文献之后请注明作者姓名，作者电话，Email，收刊人详细地址、邮编。

《国际学生教育管理研究》编辑部